母が語るアボリジニの知恵

～ホリスティックな学び～

プロローグ

私がアボリジニに最初に出会ったのは、二歳の誕生日を少し過ぎたころだった。そのとき、私たち家族は、オーストラリアの真ん中、アリス・スプリングスという町の近くにいた。

さっさと旅支度をして、「さあ、ついていらっしゃい。面白いことがいっぱいあるから」と、手を引かれて行ったのは、はるばるオーストラリアのアボリジニの所だった。

母は、全くもって活動的な人で、ひとりでどこにでも行ってしまう。世界中どこへでもだ。まるで隣町に買い物に出かけるような気軽さで旅立つのだが、私たちが生まれてからも、荷物が増えるくらいにしか考えていなかったのだろう。旅への情熱は衰えるどころか、ますます盛んになっていった。

私が最初にアボリジニに出会った瞬間は、最悪の状況を引き起こしたらしい。

「こっちにおいで」と、アボリジニのおじさんが手招きしてくれたとき、おじさんの顔を見るなり、すぐに悲鳴をあげて、泣き出して走り去ってしまったのだ。たぶん、いきなりだったので、びっくりしただけなのだと思うが、なんて失礼なことをしてしまったのだろう。でも、記憶からスルリと抜けているので、なんとも言い訳のしようがない。母は、このとき、「実に恥ずかしかった」と、後々までしつこいくらい言い続けた。

私と一緒に手招きされた姉は、勇敢にも（そのときの私の行動からして）、おじさんに近づいていった。今も残る写真には、顔と身体に、白と赤茶色のボディペインティングをした、大きな裸のアボリジニ男性と、その横に、こわばる口を無理にこじ開け、笑いを懸命につくる三歳の姉が立っている。

アボリジニを研究していた母は、自分が心酔していたアボリジニの生き方、思想、教育、子育てに関する考え方を、姉と私に教えこもうとした。

アボリジニ文化を、母なりに解釈して、日本の現状に合うように多少はアレンジして、自身の子育ての中に織りこんでいたのだろう。

アボリジニとは、オーストラリアの先住民族だが、今では、すっかり日本でもおなじみになっている。しかし、オーストラリアの大学に「アボリジニ学部」という学問領域があることは、あまり知られてはいない。母は、若い頃に「アボリジニ学」なるものを学び、すっかりアボリジニの人生哲学に魅せられていた。

母にとっては、アボリジニとは、人類が、「文明」という名のもとに置き忘れてきた大切なものを、たくさん持っている人たちだった。人間としてどう生きたらいいのかを、グローバルで調和のとれた視点で考える文化を持っていた。

何万年もの間、孤立した大陸島国で生きてきたアボリジニの文化は、地球上で現存する最も古い人類文化のひとつだとされる。

伝統的アボリジニ社会では、「つながり」と「分かち合い」が大切にされていた。だから、最高のリーダーとは、富を独り占めしないで、より多くを他人に分け与えることのできる人だった。老いも若きも病人も、平等に食することのできる貧富の差のない社会は、アボリジニが目指した理想郷だった。

その妨げになるのが、人間の欲、嫉妬、怒り、憎しみなどのネガティブな感情だ。悪感情をうまく自分で処理をして、健全な社会をつくりあげる独自の情緒教育にも力を入れていた。また、伝統的アボリジニ社会には、所有の概念がなかった。あり余る情報や物質に振り回されている私たちにとっては、ある意味、うらやましい世界だ。

アボリジニの思想は、人とは、時を越えたいのちを持つ存在であることを思い出させてくれる。

自然界のすべてのいのちはつながり、ひとつである。

母は言う。

自分がすべてのものとつながり、世界全体に溶けこんでいくような感覚を味わうことができれば、心の奥底から満たされた気持ちが巻き上がる、と。

自分はひとりぼっちではない。

現代社会は、個々が分離して、違いばかりが際立っている。

孤立感だけが、社会にただよっている。

だからこそ、ときどきは、自分を振り返る時間が必要なの。アボリジニ文化を知ることは、いい道しるべになるのよ、と。

母は、伝統的なアボリジニの文化や思想を、日本でも広めたいと思っていたらしい。

そこで、自分の子育ての中でも、アボリジニ式を散りばめたという訳だ。

母がなぜ「アボリジニ学」に行きついたのかは、人生を賭けた理由があるらしい。母の人生には秘密が多いが、なんでもアボリジニと出会う前、アメリカ先住民にこころを奪われて、先住民族にかかわることを一生の仕事にしようと決めたそうだ。

今、私は大学生となり、母が、日々の子育ての中で伝えようとしたアボリジニの思想を、客観的に見つめられるようになった。幼いころの思い出をさぐり、まとめてみたいと思ったのだ。小さいときには理解できなかった様々な出来事を振り返りながら、アボリジニの素晴らしい考え方や、ホリスティックに生きる知恵を紹介できたらいいと思う。

目次

第二章　世界は物語の玉手箱

第三章　感情の持つ力を知る

第四章　ルーツは宇宙エネルギー

第一章

子育てモデルは カンガルー

とにかく抱っこ

アボリジニの子育てモデルはカンガルーだと母から聞いたとき、最初に頭に浮かんだのは、お母さんのおなかから小さい顔をのぞかせている、子どものカンガルーの姿だった。大きくて黒い丸っこい目。ツンとたった耳。甘ったるい表情。まるで絵本から抜け出したみたいに、お母さんの袋の中にすっぽりとおさまっていた。

確か、あれは南オーストラリアの自然動物園だった。

動物たちが自由に歩き回っている所へ、「ちょっと、人間も失礼します」と入っていく、そんな感じの動物園。

真っ青な空に、夏の終わりをつげるさわやかな風が吹き渡り、ユーカリの葉がやさしくゆれる午後。

散歩途中らしい野生のカンガルーの家族に出会ったことがある。

おなかの袋に赤ちゃんを入れたお母さんと、子どもカンガルーが一匹。私たちが持っていたエサ（ピーナッツ）に目をつけたのか、いきなり近くに寄ってきた。人間に慣れているのか、食べ物につられてなのかは分からないが、怖がる様子もなく隣に来て、「ボクもちょうだい」と子どもカンガルーが手を出した。

ピーナッツは自然動物園の入り口で、カンガルー用のエサとして売られていたものだったが、つまんでみたら、けっこうおいしい。私はカンガルーにひとつ、自分もついでにひとつという感じでポリポリやっていた。

でも、お父さんカンガルーは背中を向けて知らんぷり。肘で体を支えて、もう一方の手でボリボリ背中をかきながら寝そべっていた。まるで横になってテレビを見ている、ズングリしたお父さんの姿そのものだった。

私たちとカンガルーの母子が楽しそうにしていたので、お父さんカンガルーも気になったのか、ようやく重い腰を上げてこちらにやってきた。そのときには、ピーナッツはもうなくなっていたけれど。エサがなくなれば用はないと言わんばかりに、その四人家族はくるりと背を向けた。最初は歩いて、それから跳んでどこかに行ってしまった。

私たちはカンガルーの家族を見送った。

カンガルーは五本足だと言われている。前足（手）、後足、尻尾と合わせて五本という意味だ。左右の足を交互に出すことができないので、足をそろえて跳ぶか、尻尾を支えにして歩を進めるしかない。

それにしても、カンガルーのしぐさは人間にそっくりだ。母が買ってくれたアボリジニの絵本で、「人間になろうとしたカンガルー」というタイトルのものがある。カンガルーが人間のしぐさを真似てばかりいるので、こらしめてやろうと、あれこれ知恵をしぼるアボリジニの話だ。最後は、「もう人間の真似はしません」と、カンガルーが謝って終わる。間近で見た実際のカンガルーは、まさに絵本のストーリーのとおり人間によく似ていた。手の出し方や首の動かし方から顔の表情まで、動作が人間っぽいのだ。

私の思い出のワンシーンとなっている、このときのカンガルー親子の様子は、日本に帰ってからも頭の中にこびりついていた。だから、「アボリジニは、子どもをカンガルーみたいに可愛がって育てていたのよ」という母の言葉は、すんなりとこころに入ってきた。

「おなかの中は温かいし、どんな敵が来ても平気。しっかりと守られているからね。お母さんが風をきってビュンビュン走るときも気持ちいいし、すっぽりと入りこんでいるから大丈夫なのよ」

「いいな、いいな」と姉と私。夢見心地でカンガルーの赤ちゃんになったつもりでいた。

子どもは、とにかく抱っこが大好き。母の腕の中になんとか入りこもうと、姉と競争したものだった。もちろん、今ではそんなことを思い出すのも恥ずかしいが。

ネコ可愛がりではなく、カンガルー可愛がり？

日本には、「ネコ可愛がり」という表現があるが、オーストラリアでは、さしずめ「カンガルー可愛がり」というところなのだろうか。

オーストラリアは、カンガルー、ワラビー、コアラにと有袋類の宝庫だ。いつも袋に子どもを入れている動物が身近にいるせいか、アボリジニの子どもの可愛がり方は、まさに有袋類そのものだったそうだ。いつも母子はべたべたと一緒。植民地時代（一七八八～一九〇〇）、オーストラリアに来たヨーロッパ人は、アボリジニが子どもを甘やかして、なんでも許すのを見てびっくりしたとか。

アボリジニを「野蛮人」として、その文化をまったく理解しなかったイギリス人の目には、子どもはなんの教育もされていないように映った。「あんなに甘やかしていいのか」との批判もしている。ヨーロッパには、昔から、子どもは「小さい大人」という概念があり、甘やかすのではなく、厳しく躾《しつ》けなければいけないとの考えがあった。体罰もあり、ときにはムチも登場した。

アボリジニが子どもを甘やかすのは、独自の教育法の一環だったのだが、第三章でくわしく書くので、ヨロシク。

カンガルーの子どもは、妊娠一カ月でおなかから出てきて、お母さんの袋に入る。袋の中で温かく守られて、どこに行くのにもお母さんと一緒。種類によって違うが、一〇カ月から一歳半くらいまでは、こうして育つ。

「アボリジニのお母さんも、カンガルーのお母さんに負けていないのよ」と、母。

「とにかく抱っこの合言葉で、いつでもどこでも、子どもを片手で抱っこしてお出かけするの。子どもも、しっかりとお母さんの腕につかまってね」と見せられたのが、一枚の白黒の古い写真。

二〇世紀のはじめに、「白人」のカメラマンが撮ったものだ。左手に子どもを抱き、右手は頭の上にのせた「クーラモン」にそえられている。カメラを向けられてか、緊張気味で見つめる母子の瞳が印象的だった。

「クーラモン」というのは木をくりぬいた入れ物で、用途多様なすぐれもの。ゆりかごになったり、木の実をすりつぶす「すり鉢」になったり、その日に採れた果物や植物を入れたりと応用範囲がとにかく広い。

生きていける最低限のもの

女性は、片手には穴掘り棒（植物の根を掘ったり、土の中に眠っている幼虫を探しあてる）を持ち、もう一方の腕には子どもを抱き、頭の上にはクーラモンを乗せて出かける。草で編んだポシェットをなため掛けにして、採集した食料を入れる。一生、これだけの持ち物で過ごす。

「じゃあ、男は何を持っているの？」と、私。

「まずは、男の強さを象徴するヤリね」と、母。

ヤリは、カンガルーのような大形動物を獲るためだが、実際は、毎日狩りをするわけではない。まあ、家族の食料は、お母さんと子どもたちが採りに行く、植物と小動物に大きく依存していたというわけだ。

所有の概念のなかった伝統的アボリジニ社会では、持ち物は最低限しかなかった。ホントに生きていけるだけのもの。

母は、私たちをよく海外につれていったが、出発の準備として、いのちの次に必要なものを三つリュックに入れるように言っていた。姉と私は頭を悩ませて、そのときに好きなおもちゃとかを選んだりしたものだった。荷物はなるべく少なく、いつでも簡単に移動できることが大切だからと、母はアドバイスした。

そう考えると、生きていくのにどうしても必要なものなんて、案外少ないのかもしれない。アボリジニも生涯、ノマド（遊牧民）や旅人みたいなものだったから、荷物なんていらなかったのだろう。

「それで、アボリジニは食べていけたの？」

自然にわきでた単純な疑問だった。

「だって、毎日、食べ物を探しに行くって、大変なことじゃない？」

「ところが、そんなに難しくはなかったみたいなの。私たちがスーパーマーケットに買い物に行くのと同じことだったのよ。地球はね、きちんとケアをしていれば、十分な食料をくれるほど豊かなのよ」

それが、母の答えだった。

「今は、お金という、簡単に持ち運びできる便利なものがあるから、お金を持って買い物に行くでしょ。自分で野菜をつくっている人は、トマトが食べたいなと思ったら、畑にちぎりに行くでしょ。同じ感覚よ。アボリジニにとっては、この世界はどこもかしこも、食べ物をいっぱい並べたお店みたいなものだったから。お金のかわりに、穴掘り棒ひとつあれば十分だったの」

今の日本では（まあ、世界でもそうなんだけれど）、仕事をしてお金を得て、そのお金を持って好きなものを買いにいく。お金を手に入れるために、子どものときから一生懸命勉強して、いい仕事について働く。毎日、朝から晩まで何時間も働く。食料を買うために。家や車や洋服を買うために。これが定番の考え方だ。

アボリジニにとっての仕事とは、食料集めだった。その日に食べるものを集める。余分なものはいらない。「まとめ買い」ならぬ「まとめ集め」なんてない。びっくりしたのは、なんと一日に、三、四時間も働けば十分だったということ。仕事といっても気分はピクニック。歌ったりおしゃべりしながら、女性と子どもだけで、ポシェットを掛けてお出かけ。木の実、野生の果物や野菜、木の根っこ、蜂の子にヘビ、トカゲにポッサムと、自然界には食べ物があふれていた。

そんなアボリジニを見たヨーロッパ人は、またしても勘違い。
「ただブラブラして遊んでいる怠け者。土地も遊ばせているだけで、もったいない。だったら、オレたちがせしめてやろう」とばかりに、アボリジニを殺して土地を奪っていった。アボリジニの大地は、牛や羊の放牧地となり、小麦や野菜畑へと変えられていった。

アボリジニが、農業も牧畜もしなかった理由には、深い哲学がかくされている。

アボリジニによれば、完璧に調和のとれた美しい世界は、天地創造の時代にすでに完成されている。だから、自然は、あるがままの状態にしておかなければならないのだ。

農業のように、他の場所で育った作物を、人の都合で持ってきて植えたりしてはだめなのだ。動物も同じだ。食料にするために、人が囲いをつくって家畜として飼ったり、本来そこにいない動物をつれてくることは、自然に反するのだ。

アボリジニが裸でいることも同じ理由からだった。人は裸で生まれてくるので、衣服を着ることは不自然だ。なるべく自然の状態にいることが、アボリジニの生き方の基本にあった。

家も服もなし、農業も牧畜もしていないことに加えて、アボリジニには土地を所有するという概念もなかった。人間ごときが自然を所有するなんて、アボリジニにとっては考えもおよばないことだった。しかし、こうしたすべてが、文明のかけらすら持っていない「野蛮人」として、ヨーロッパ人に誤解される原因になった。

本当の豊かさとは

一方では、一九世紀に、オーストラリアの内陸部でアボリジニ社会を観察した人々からは、「いったい、イギリス人とアボリジニとどちらが豊かなのか」という疑問も出ている。

当時のイギリスでは、産業革命の影響か、貧しい人々は、機械の一部として働かされた。一日一二時間から一五時間労働まであり、劣悪な環境の中で、わずかなパンとミルクティだけの食事だった。自然界からのバランスのとれた栄養と比べると、かなり見劣りする。しかも、キャプテン・クックが日記に書いているように、アボリジニ社会では、老いも、若きも、病人にも、食料は平等に与えられていた。

豊かさの基準には、「労働時間」と「貧富の差」という条件もあり、アボリジニを、「貧しくみじめな野蛮人」と思ったヨーロッパ人の見落としていたのは、まさにこの点であった。一日の労働時間と、全員が平等に食しているという点を考慮すれば、アボリジニ社会のほうがずっと豊かだったのだ。

しかし、ヨーロッパ人が来てから、アボリジニの健康はどんどん蝕《むしば》まれていった。自然の豊かな恵みの中で生活していたアボリジニは、土地を奪われ、狩猟採集ができなくなった。食べ物が手に入らないアボリジニは、飢死するか「白人」の食料を盗むしかない。そして、邪魔者・泥棒として殺された。

また、ヨーロッパから持ちこまれた伝染病（天然痘・はしか・水ぼうそう・性病等）に免疫のなかったアボリジニは、つぎつぎに死んでいった。生き残ったアボリジニは、牧畜産業へと追い立てられた。牧場での長時間労働で与えられるものは、わずかなパンとミルクティ、そして「白人」が食べない牛の臓物だった。「白人化教育」のために施設に送られたアボリジニの子どもも、やっぱりパンとミルクティの食事だった。自然界からの栄養バランスのとれた食事から一転して、アボリジニは健康を害していった。

それにしても、自然環境をしっかり守って、人口の抑制をしていれば、わずかな時間の食料集めだけで、十分に暮らしていけるということなのか。

「アボリジニって、棒や入れ物以外に、本当に何も持っていなかったの？」と、ビックリ仰天。

「きっと、生きていけるのよ。現に、アボリジニはそれで何万年も暮らしていたんだから。オーストラリアには山火事もあったけれど、平気。失うものなんて、いのち以外に何もないのだから」と、母。

「失うものなんて、何もない」

それは、なんて人生を楽にする言葉なのだろう。

人は失うことを恐れて、いつだってあたふたしている。もともと、持っていなかったら、そんな恐れもない。泥棒や詐欺を心配することもない。「もっと欲しい、あれも欲しい、これも欲しい」という歌があったけれど、最初からなければ、欲しいものだってないだろう。

キャプテン・クックの、アボリジニに関する有名な言葉に、こんなものがある。

「ここの人々は、ある意味、なんと幸せなのだろうか。ヨーロッパ人のように、あり余る情報に悩まされることもなければ、物欲に苦しむこともない」

まさに、その通り。

アボリジニの考えを復習すれば、大地や自然環境を大切にさえすれば、地球は、十分な食料をもたらしてくれるということだ。人間だけが異常に増えたり、環境破壊さえしなければ、地球は食糧宝庫のはずだったのか。でも、地球はアボリジニの世界から変わりはててしまった。もう二度と、アボリジニのシンプルライフには戻れないのだろうか。「もっと欲しい、あれもこれも欲しい」社会に生きている現代人にとっては、欲は、クリアすべき一番の難関なのかもしれない。

サバイバルの必須アイテム

アボリジニは、オーストラリアの自然がもたらす食物（動植物）情報に熟知していて、供給の限界を知っていた。だから、自然が支えられる以上の人口を増やさなかった。人間だけが増えすぎたら、大地からの実りを食べつくしてしまう。そうすれば他の動物も生きていけなくなる。

人間という、ひとつの「種《しゅ》」のみが増殖したら、生態系のバランスは崩れてしまうのだ。地球は、なんといっても、バランスの上に成り立っているから。また、食べ物争奪戦がはじまったり、餓死者が出るかもしれない。というわけで、人口の抑制は、環境を守り、戦争を防ぐためにも大切なことだった。

子どもをたくさん産まないのは、アボリジニ社会の事情もあった。食料を求めて、季節ごとに決められた土地を移動するアボリジニには、幼子を何人も抱いて歩くのは無理だった。産児制限は、オーストラリアという限られた領域の中で、自然から与えられる食料で生き抜く、サバイバルの必須アイテムだったのだ。

植物の薬効に熟知していたアボリジニは、避妊効果のある植物を使い、産児制限をしていた。こうして人口増加を経験しなかったアボリジニ社会は、比較的安定した食料供給率を保っていたというわけだ。子どもが少ないということは、弟や妹がなかなか生まれてこない。子どもは、赤ちゃんの時期をたっぷりと満喫できた。離乳期も現代社会のように決められていなかった。お母さんの胸に抱かれ甘やかされて、どこに行くときもピタリとくっついて、スキンシップたっぷりの素晴らしい幼児期を過ごすことができた。

「毎日、抱っこされて、アボリジニの子どもはとっても幸せね。抱っこの魔法という言葉、知っているでしょ。子どもって、どんなにぐずっていても、抱きしめると、すっと黙ってしまうの。おとなになっても、ずっと残っている楽しい思い出。それは抱っこの思い出よ」と、母は言っていた。

母がよく口ずさんでいた、「げんこつ山のタヌキさん、おんぶして、抱っこして、また明日」という童謡とともに、その言葉は、時折、私の記憶をくすぐる。

人間のお母さんにも袋があればいいのにと、子どもは夢見るのかもしれない。

アボリジニにあやかってかどうかは知らないが、母は子どもがぐずると、夏なら布、冬なら毛布で、ぐるぐる巻きに私たちをくるんで抱っこした。泣いているといきなり巻かれるので、一瞬、どうなったのか訳が分からなかった。でも、それで泣きやんだそうだ。

お母さんがいっぱい

「アボリジニ社会には、お母さんがいっぱいいいたの」

「ええっ？」私はまた面食らった。

「ふたりのお母さんから生まれたということ？　そんなの、こまっちゃうよ、たくさんいたら」

私は、幼心に真剣に悩んだものだった。

母は、子どもを困惑させるような話が好きだったのだが、それは、母なりのいたずらごころで、内心、そんな私たちを見て、ほくそ笑んでいたに違いない。

これは、アボリジニの親族社会の話だ。

子どもには、実の母親のほかに、母親の姉妹もまた「お母さん」となる。血はつながっていなくても「お母さん」となる人もいる。アボリジニ社会には、独特の親族組織があった。誰もが自分の名前以外に、スキンネームと言われる名前を持っている。スキンネームは、血のつながりとは関係なく、社会での役割を表す名前である。

たとえば、Aというスキンネームを持つ人たちは、スキンネームBの人たちの親の役割をする。AはBに親として指示して命令することもできるが、Bの養育にもかかわる。しかし、同時に、AはスキンネームCの子どもでもある。Cの言うことを聞かなくてはならない。こうして、絶対権力者が生まれない仕組みになっているのだ。

子どもは社会の未来の星。大切な人材育成は社会全体でやるぞ、なんていう意気込みがアボリジニの伝統にはあった。親族やまわりのおとなが全員で、子育てに参加する風習があったのだ。

「子どもを育てることは、大変な労力と知恵が必要なの。お母さんって、教育者と経済学者、医者と看護師をまとめてやっているようなものなのよ。しかも、今まで子育てなんて習ったこともない、若い女性がひとりでやるんだから」と、母。

伝統的アボリジニ社会では、子育て（人間育成）は、若い女性だけではできない大仕事だと考えられていた。若い女性は、まだ人生経験が少ない。だから、精神的にも未熟だ。未熟な人に子育てをすべてゆだねたら、子どもにも本人にもよくないし、社会に悪影響をおよぼさないとも限らない。

まず、他者やあらゆる動植物と共存できる、「生きる知恵」を持ち合わせていること。そして、自然環境や共同体に責任を持ち、自立した生き方ができること。そうでない人に子育てをまかせることは、危険だと考えられていたのだ。

アボリジニのホリスティックな学び

アボリジニが一生をかけて学んだのは、ホリスティックに（全体として）生きるにはどうしたらいいのか、ということだった。

人は、他者とつながり、大自然とつながり、動植物とつながり、この世界に生かされている。すべての存在は、それぞれバランスのとれた形で、全体としての調和に貢献している。まず、自分自身の身体とこころのバランスをはかり、他者とのつながりについて学び、自然の営みや生態系を理解することが、学びの重点項目だった。

長老をはじめとする年長者は、知識人として、部族全員から尊敬されていた。天地創造や森羅万象にまつわる神話を語り、大自然を敬い、動植物の生態系についての知識に秀でていた。

宇宙的視野で、人間のあり方や生き方も学んでいた。（詳細は第四章）

小さいときからの自然観察にくわえて、先祖代々伝わる歌、踊りや儀式をとおして、大地や森羅万象がつくられたときのエネルギーと一体化するなどして、ホリスティックに生きる知恵を学んでいった。（詳細は第二章）

母の話では、ひとつの知識を習得するごとに、胸やおなかに傷をつけて、横線を入れる部族もいたとのこと（これは男性のみ）。おなかを見れば一目瞭然。どれほどの知恵者なのかが分かる。アボリジニは服を着ていなかったので、デキル男はすぐに目にとまるということだ。

高度に産業が発達した近代社会では、年長者の知恵は、どこかおろそかにされがちだ。機械から生み出される数値ばかりに気をとられ、経験から生まれる知識や、感覚から得られる知恵などが、ないがしろにされている。

実際、若者にとっては、年長者に聞くよりも、インターネットで調べたほうが必要な情報を得ることが多い。時代があまりにも急速に変わりすぎて、世代間での価値観や、知識の内容とニーズにギャップがありすぎるからだ。

短いスパンで、世の中のすべてのことは移り変わってしまうから、若者でもすぐに時代においていかれてしまう。次々に開発される新製品の仕様に対応することにキリキリ舞いだ。しかも、現代では、知識とは年代を階段式におりてくるのではなく、どこからでも自由にアクセスできる形になってきた。特に、若者にとっては、より新しい情報のほうが新鮮で魅力的なのだ。

「でも、ちょっと待って」と、母は止める。

「いくら産業社会になったとはいえ、人間がこの地球上で生きていくことには今も昔も変わりないの。日常生活で、毎日、新しいことをひとつずつ経験して、その積み重ねで学ぶことはたくさんあるし、同じ日の繰り返しは絶対にないでしょ。経験をとおして、人間に幅ができるし、深みが増すの。今まで許せなかったことを受け入れられるようになるし、目に止まらなかったことにも、気づくようになる。あたりまえだと思っていたことが、有り難し（ありがたし）となっていくの。一番いいのは、産業社会に生きるための知識と、生きる知恵とがバランスよく調合されることでしょ。出来事や出会いをとおして、人は喜怒哀楽を感じる。自分の中に眠っている多種多様な気持ちを味わうことができる。そうして、微細な感情のひだをかくしもった、年輪を重ねた経験豊富な人間へと成長していくことができるの」

子どもに気づきを与える

「アボリジニの教え方って、そうねぇ、言ってみれば、『経験的気づきごころ』を刺激する、というところかな」と、母は説明した。

「子どもって、毎日の生活の中で、経験を繰り返して、新しいことを学んでいくでしょ。その中で、何が正解なのかを、自分で見つけ出していくの。おとなは、最初から答えをずばりと教えてはいけないの。子どもが自分で気づいたかのように導くのが、教え方の大切な点よ。良い先生とはそれができる人！」

つまり、良い教師とは、自分自身の山積みされた経験知から、状況やその子どもに応じた物事の対処ができる人、ということになる。子どもに、より多くの気づきを与えることのできる人でもある。

「さあ、実際、アボリジニがどんなふうにするのか、やってみよう」と、母。

タイトルは、「足跡あそび」　ジャ、ジャ、ジャ～ン。

「足跡あそび」とは、砂ややわらかい土に残っている足跡が、誰のものなのかを当てる遊びだ。動物の足跡を見つけ、どちらの方向へ行ったのかをさぐり、観察眼を養い、動物の習性なども合わせて学んでいく。

教育目標は？
自分の住んでいる世界に起こっていることを、「知覚」と「直観力」を持って観察し、洞察する力を養う。

どんなふうにするのかというと、ここで、ヘビの話へと移る。

たとえば、ヘビの通った跡を見つけたとき、アボリジニのお母さんは、子どもに聞く。（オーストラリアの奥地にはヘビがたくさんいる）

母「ねえ、ボク、このヘビはどっちに行ったの？」
子「あっちだよ」（子どもは指さす）
母「ううん、こっちに行ったでしょ」（母が指さす）
子「ああ、そうか」
母「うまく足跡が読めた？」
子「ううん、ボク、まちがえちゃった」
母「そうだよね。まちがえちゃったよね」（子どもの言葉を繰り返す）

お母さんは、子どもの手を引っぱって、別の場所にあるヘビの跡を見せて、もう一度聞く。

母「ヘビがどこに行ったのかわかる？」
子「あっちに行ったよ」
母「そうだよね。あっちに行ったよね」（子どもの言葉を繰り返す）

おとなは、最初から子どもに、「これがヘビの足跡で、あっちに向かって行ったよね」とは話しかけない。

最初から答えを全部言ってしまうと、子どもから考える力を奪うことになる。問いかけをすることにより、子どもは考える。

答えが間違っていたら、おとなは直すが、必ずもうひとつの例を見せて、子どもの答えを確認する方法をとる。

「いいなぁ」
「面白そう」
「やってみたい」というのが私と姉の感想だった。

でも、日本には、ヘビがそんなにウヨウヨいるわけでもないし、ということで、どろんこや砂場での足跡遊びとなった。

足跡はすべてを語る

足跡を読むことは、アボリジニ文化では重要な役割をはたしていた。

「ふーん、ア・シ・ア・トねぇ」

どこかピンとこないなと、私は姉と顔を見合わせた。

狩人であるアボリジニにとって、大地に生きるさまざまな動物の動きを知ることは、そのまま、生きることにつながっていた。トカゲやヘビやカンガルーの足跡を注意深く読みとり、どこに、どんな獲物がいるのかを、じっくり観察した。

現代に生きる日本人には、足跡に注意をはらう人は、ほとんどいない。

「でも、いい？　足跡はすべてを語るのよ」と、母は教えた。

「足跡って、摩訶不思議？？？」と言って渡されたのが、『トラッカー』（徳間書店）という本だった。トラック（track）とは足跡。トラッカー（tracker）とは、追跡者という意味である。

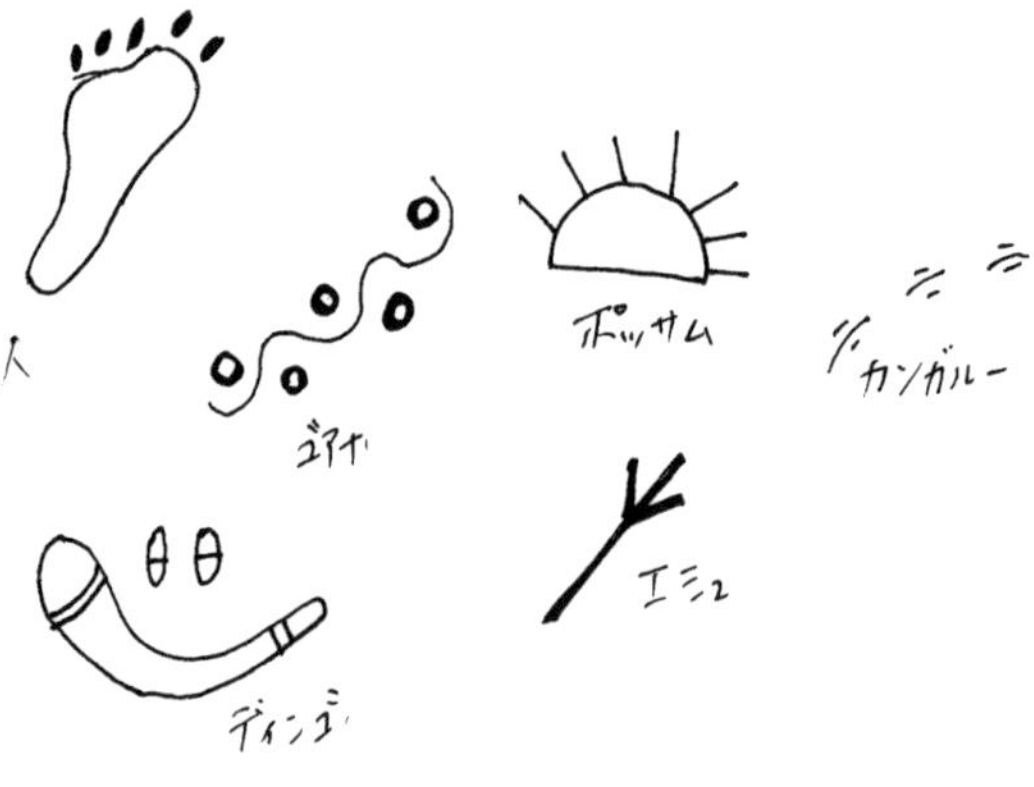

著者のトム・ブラウン・ジュニア氏はアメリカ人だ。彼自身は「白人」だが、子どものころ、〔アパッチインディアン〕の最後の生存者のひとりであり、グランド・ファーザー（知恵を得た者）と呼ばれる賢人から教えを受けた。その教えの中に、足跡

を読むテクニックがあり、これを本にまとめたのだ。ブラウン氏は、犯人探しでFBIにも協力している有名人だ。ニュー・ジャージィー州でトラッカースクールを開いて、足跡を読む技術について世界中の人に教えている。

オーストラリア・アボリジニ同様、アメリカ先住民もまた優秀なトラッカーだったのだ。もしかしたら、足跡を読む術は、人類にもともと備わっていた能力だったのかもしれない。狩猟採集から農耕文明へと変遷する過程で、失われていったのだろうか。

アボリジニの足跡を読む技術は、二〇〇五年に公開された、「裸足の一五〇〇マイル」(Rabbit Proof Fence) というオーストラリア映画に、よく描かれている。「白人」につれさられたアボリジニの少女たちが、施設から逃げて故郷に帰るという、実話をもとにした作品だ。

「白人化教育」を受けさせるために、アボリジニの子ども (特に、「白人」男性とアボリジニ女性との間に生まれた「混血児」) を母親から離して、施設に収容することは、一九七〇年代まで法律で定められていた。法律が撤廃された後も、事実上、九〇年代まで施設送りが行われていた地域もあった。そのために、多くのアボリジニの母子が、引き裂かれることになった。現在、オーストラリアの社会問題として暗い影をおとしているのが、この法律の犠牲者となったアボリジニの人々が抱える問題だ。

映画では、子どもを施設に戻そうとする「白人」にやとわれた、有能なアボリジニのトラッカーが、逃げるアボリジニの子どもを追跡する。

子どもは、足跡が情報源になることを十分承知しているので、読みとられないように知恵をしぼる。たとえば、脱出は、足跡が残らない雨の降りそうな日にした。途中で靴を脱いだり、小川を見つければ、水の中に入って足跡を消したりもした。ところが、追跡者もアボリジニなので、そこはお手のもの。土の上ばかりでなく、草に残されたわずかな痕跡をも見逃さず追いかける。映画の中では、本心ではアボリジニの子どもを逃がしたい気持ちと、「白人」からの命令には逆らえないという、追跡者の男性のジレンマも伝わり、ハラハラドキドキの場面が続く。

しかし、それ以上に感激するのは逃げる子どもの賢さだ。伝統的アボリジニの生活をしていた子どもは、追跡者の足跡を読みとる術を先読みして、裏をかきながら、母親を求めて、ついに故郷へと帰っていく。

アボリジニは、生まれたときから、大地に残された動物や人間の足跡を見て育ち、足跡を読みとる達人になっていった。

読みとりのポイントとしては、ただ単に足の形ではなく、足跡のつけかた、歩数、動く方向、どこに力が加わっているのかなどにも注意をする。そこから、行動パターンばかりでなく、性格や心理状況をも読んでいく。

たとえば、せっかちな人はあわてて歩くから歩数が多くなる。のんびりした人は、ゆったりと大またで歩く。いらいらしていれば、足の動きもどこか落ち着きがなくなる。さらに興味深いのは、足跡には、その人が持っている微細なエネルギーさえも残るという。まるで、残り香のように。

たとえば、普通の犬とディンゴ（オーストラリアのアウトバックに住む野生の犬）の足跡は、日本人の目には全く同じに見える。アウトバックとは、オーストラリアの内陸部に広がる、沙漠を中心とする広大な人口希薄地帯を指す。

実際、足跡の形だけでは、アボリジニの人にも区別がつきにくいときがあるそうだ。両者を見分けるヒントは、足跡の動きにある。それぞれの動物には動きのパターンがあるからだ。まっすぐに突き進んだり、あちこち寄り道したり、立ち止まったり、後ろを振り向いたりと、動きは、動物の習性によって異なる。

ポイントは、足跡の形だけに集中しすぎると、このパターンを見逃してしまうことだ。周囲をよく見渡して、全体像を把握して、「これはディンゴだ」と当てるのだ。

そんなアボリジニの話をヒントにして、母が考えた足跡遊びとは、名づけて、「足跡さがしっこゲーム」

オニを決める。

オニは目を閉じる。

オニのまわりを自由に歩いて、好きな所で止まる。

オニは目を開けて、他の人がどこをどんなふうに通り、止まったのかを当てる。このゲームは、足跡をじっくりと観察して、足の向きを正確に把握することがポイントになる。アスファルトやコンクリートの上ではだめだし、砂場ではやわらかすぎる。ちょうどいい固さの地面を見つけることが難しかったが、海辺のちょっと固めの砂浜では、くっきりと足跡が残せた。


私たちは土の上を走り回っては、足跡を見つけられないようにして、かえってぐちゃぐちゃにしてしまった。雨上がりの公園では、比較的うまく足跡を残せた。いろんな足跡が交差して、最後には誰が誰なのか分からなくなって、もう飽きたなんて言って、おしまいにしてしまったこともある。

そんな足跡遊びに、アボリジニの考え方を教えようとする、母のかくされた意図があるなんてことは全く知らなかったのだが。

靴裏には、驚くほどのバラエティにとんだ模様があった。まさに、「ヘェー」と不思議発見の世界だった。足の向きも、外股あり内股ありで、歩き方にも特色があることが分かった。もっと面白かったのは裸足になったときだ。

足の形はひとりひとり全然違う。土踏まずが深いのは母。浅いのは私。中間が姉。足幅の広いのは私、指が長いのは姉と、足の形がこんなにも違っていることにビックリ。それなのに、サイズだけで選んだ、同じパターン化された靴をはいていることに、さらにビックリ。靴って、足に負担をかけているんだ。そんな思わぬ発見もした。

母は公園の土の上では、子どもの靴を脱がせた。なるべく、裸足になるように言った。生の土の感触を、足に覚えさせようとしていたからだ。その当時は東京に住んでいたが、近くには、木々に囲まれたいろんな公園があった。

散歩途中で、母は、時々、思い出したように聞いた。

「この足跡、どんな人だと思う？」

まずは、男か女か。

それは比較的簡単に分かる。靴の大きさと幅で百発百中。

「急いでいたのか、リラックスしていたのかな？」

これも、カンターン！

「だって、靴がチョコチョコしているもん。急いでいたんだよ、きっと」

「こっちの子、見て！　ここで、とぎれている。変だよね」

「あっ、きっと、お母さんが抱っこしたんじゃない」

なんて言いながら、あれこれと想像して物語をつくっていった。

自然に寄りそって生きる

日本の子どもたちは、人工的なものに囲まれすぎていると、母はよく嘆いていた。私には、その意味があまり分からなかった。なぜって、最初からそんな環境で育ったからだ。小学校の運動場でも、雨が降ると水溜りができて、運動ができないという理由で、一部コンクリート加工がしてあった。これでは大地とふれあうことができないのにと、母は文句を言っていた。

保育園でも、先生のオルガンに合わせて歌ったり、絵の具やクレヨンで絵を描いたり折り紙をしたりと、室内で過ごす時間が多い。そして、大量生産されたプラスチックのおもちゃで遊ぶ。

公園で遊ぶといっても、きれいに刈りこまれた芝生だったり、人工的につくられた砂場になってしまう。「土」と「裸足」が出合える場所はだんだん少なくなり、空き地なんてみんな駐車場になってしまった。

いたるところに、人の手が加えられている。

あるがままの自然の姿にふれることが難しいのが、今の日本の現状だ。子どもたちの手にするもの、目にするもの、学ぶものの多くは、自然からますます遠ざかっていく。清潔であることもいいのだが、そこにこだわりすぎて、虫一匹も寄せつけない世界をつくりだそうとしている感じもする。

オーストラリアのアボリジニにしても、ヨーロッパ人による植民地化で、保留地や施設に閉じこめられてしまった。何万年もの間続いた狩猟採集社会は、武器の前に、いとも簡単に崩れ去ってしまったのだ。しかし、オーストラリアには今でも多くの自然が残っている。狩猟採集と近代社会の教育とを、バランスよく組み合わせている部族もいる。

都市部から遠く離れたアウトバックに住むアボリジニの子どもには、今でも、自然と親しむ伝統的な生活が多かれ少なかれ残されている。大地に座り、火を起こす。お母さんと一緒に、ゴアナ（オーストラリアに生息する大トカゲ）をつかまえて蒸し焼きにする。出来たてのゴアナを食べる。そして、満天の星空を見ながら寝ることだってできる。

こんな体験をした子どもと、人工的な環境で育った子どもと、どんな違いが出てくるのか。

興味を持つ対象も違う。大切にしなければいけないことも、違ってくるだろう。自然の中で過ごす時間が多ければ多いほど、世界には、たくさんの生き物がいることが分かる。そのいのちは大地から生まれ、再び大地に戻っていくという感覚が身についていく。

そして、いのちのつながりこそ、この世界を動かしているシステムだということを学ぶことができる。

自然に寄りそって生きていたアボリジニの考え方は、教育にも反映されていた。なるべく人の手を加えずに、自然をあるがままにしておくこころは、そのまま、子どもをコントロールしない教え方につながった。

伝統的アボリジニ社会では、たとえば、教師が生徒を名指しで当てて答えさせるのはタブーだ。教師は生徒に答えを強要してはいけない。部族によっては、答えてほしいと思う生徒を見ることさえもだめだったとか。見られた生徒は、答えなければならないという、教師のコントロールを受けることになるからだ。

目指すは分かち合える人

「アボリジニ社会で、尊敬される人とは、どんな人だったのでしょうか？」

その日の、母の質問はこれだった。

「エライ人かな？」
「エライ人って、どんな人？」
「どこかの大会社の社長さん？」

「テレビによく出てる人」

「総理大臣かな？」

「そうねぇ、今の日本でエライ人といえば、政治家や、ビジネスでお金をたくさん儲《もう》けた人かもしれないね。でも、アボリジニの場合は、ずばり、分かち合える人。独り占めしない人だったの。自分の持っているものを、どれほどたくさんの人に分け与えることができるのかが重要だったのよ」と、母。

「ヘェー、すごい」

私たちの反応は、ただただ、びっくりだった。

ということは、富を独り占めした人が「セレブ」とされ、人の関心を引き、憧れの的になっている社会はどこか変だ。どれだけ所有しているのかが、社会的地位をはかる基準になっている。伝統的アボリジニ社会に照らし合わせれば、的外れということになる。

もちろん、伝統的アボリジニ社会と近代産業社会とでは、社会のしくみが違う。モノを生産し続け消費する現代社会では、個人的にモノを所有することが、社会の前提条件にある。だから人の価値を決めるのも、モノを持っていることに重点が置かれてしまう。

なんだか、悲しくなってくる。

立派な家に高級車。次から次へと移り変わる流行に踊らされて、なけなしのお金をはたいて買う洋服。でも、やっぱり流行の服を着たいという気持ち。家庭用品も、どんどん便利で機能的でステキなものが出てくる。欲しいという気持ちに振り回されて、本当に自分は何を欲しいのかも分からなくなっていく。テレビ、ネット、広告、スマホ、あちこちから情報がとめどもなく流れてきて、終わりのない洪水に飲みこまれているような気持ちになることもある。

母は、ため息をつきながら言った。

「生きるためにはモノは必要。でも、ときには、足元にある大地に気づくことも必要。本当に必要なモノは何かと、心に問うことが大切。伝統的アボリジニ社会の教育を見つめれば、本来の人間社会に必要とされる知恵を、垣間見ることができるの。日々の生活の中で、生きることの原点に立ち戻れる気がするから」

そう言って、こんな話を語ってくれた。

むかし、むかし、ずっと昔のこと。
オーストラリアの真ん中に、ある部族が住んでいた。
その部族には、ほかの誰よりも、仲間のためにつくした長老がいた。
長老とは、知恵のある人のことだ。
部族のみんなを、どうしたら幸せにできるのかを、知っている人だ。
その長老は、じょうずな狩りのしかたを教えた。

平和の大切さも教えた。

いさかいが起きたとき、まるく治める方法も知っていた。

食べ物は、みんなで仲良く分けることを教えた。

いつも、何があっても、みんなで助け合うことを教えた。

いのちあるものや、自然の恵みを、あたりまえだと思ってはいけないことを教えた。

太陽にも、雨にも、いのちをささえてくれる動物や植物にも、感謝をすることを教えた。

まわりにあるすべてのものに、感謝をすることを教えた。


そして、その美しさと神秘さに、気持ちを寄せることを教えた。


どんなにつらいときでも、文句を言ったり、がっかりしないように。

みんなでじっくりと考えて、一生懸命に働いて助け合えば、どんなに大変なことでも乗り越えられると、長老は信じていた。

部族の人たちは、こうした長老の知恵を信じていた。

何が起ころうとも、長老にしたがっていれば、部族は栄え、みんなが幸せに暮らしていけると思っていたのだ。


しかし、とうとう、長老のいのちが少なくなってきた。

自分の死が近いことを知った長老は、ある決心をした。


自分の教えを、みんなに、もう一度、思い出してもらいたい。

そのために、部族の人たちのすべてのキャンプ地を訪ねようと決めた。

(アボリジニの人たちには、決まった家はなく、キャンプをしながら場所から場所へと移動していた)


それぞれのキャンプ地をたずねた長老は、立ち去るとき、仲間に「別れの歌」を歌った。

私が地上で暮らしていたときには、まわりには大事な人たちがいてくれた。
動物や鳥、水に住む生き物たちも、たくさんいてくれた。
太陽も、月も、星も、みんな私の家族だった。

私が地上で暮らしていたころ、欲しいものは、なんでも手に入った。

もうすぐ、
本当に、もうすぐ、私は、この世から旅立つ。
あなたたちとも、永遠のお別れだ。
私が愛したこの大地とも、もう、二度と会うことはないだろう。
私の姿は見えなくなるが、私は、いつも、みんなを見守っている。
ずっと、ずっと、見守っている。

誰しも長老がいなくなることを悲しみ、しずかに、この歌を聞いていた。
誰よりもかしこく、慕われた長老は、いなくなってしまうのだ。

こうして、部族の人々のすべてのキャンプ地を回ったのち、長老は、しずかに息をひきとった。

やがて、新しい長老が、部族をまとめることになった。

しかし、亡くなった長老のことを、誰一人として忘れることはできなかった。

まもなくして、人々は、夜空を見上げ、天の川に長老が住んでいることを信じはじめた。

夜空にかかったモヤは、天空の世界にいる長老がキャンプをしている煙。

「ほら、見てごらん。歌で約束したように。長老は、あの高いところから、

見守ってくれているんだよ」

長老は今でも、お空の高いところから、みんなを守ってくれる。

正しい方向に導いてくれる。

こうして、部族の人々は、幸せな気持ちで暮らすことができたのである。

おしまい（Jean A Ellis, 1998, "From the Dreaming", Harper Collins Publishers.

中央オーストラリアのジョーアン族の伝承より。著者訳）

第二章

世界は物語の玉手箱

「お話」の遊びタイム

さあ、今日は何をしようかと、この日もまた、母は私たちを奥の部屋につれていった。

晩ご飯をおなかいっぱい食べたあとは、三人で遊ぶ、とっておきの時間だ。

この遊びタイムは、日によってメニューが違う。

母が子ども向けの雑誌や育児の本から仕入れてきた、アイデア満載のいろんな遊びが披露されるのだが、「今日は新聞紙でゾウさんをつくりま〜す」とか、「影絵遊びをしま～す」とか、その日の演目と内容がまず発表される。私たちは、「はぁい」と母を囲む。

遊びで使うその部屋は、子どもの絵本であふれかえっていた。

これも母の決意の表れだろうか。若いころの母は子どもが苦手で、どう接したらいいのか分からなかったらしい。姉を産んだとき、子どもと何をしたらいいのかと真剣に悩んだとか。そんなときに、子育て先輩の友人から受けたアドバイスがこれだった。

「まあ、そんなに深く考えないで。あれもこれもと思うとウツになるから、自分が得意な分野をひとつ決めて、そこだけしたらいいんじゃないの」と。

母は決めた。

自分は本が好き。

本を読むことだったら、一番楽しく子どもと遊べる。

そして、決心したのだ。

一日、三冊、必ず子どもに本を読み聞かせる。そんなわけで、私たちは、まだ生まれて一月くらいのときから、ひとり三冊の本を読んでもらっていたことになる。赤ちゃんのうちは、一冊の本の文章が短いから楽だったと、母は述懐する。『いないいないばあ』（松谷みよ子　童心社）と、一ページに一行しかないので簡単だ。わずかな時間で、「さあ、終わり」とやっていればよかったのだが、小学校の高学年ともなれば話は違う。長い話を計六冊も読むのは相当根性がいる。

でも、まるで自分への誓いみたいに、母は読み聞かせの儀式を続け、小学校卒業と同時に終え、やりとげた満足感を味わったという。母は融通のきかない人だが、一度決めたことには、絶対にゆるがないところがある。

ときには本好きの性格をいかして、頭にインプットされた、あらん限りの物語を聞かせてくれた。

自分では、内心、子どものこころを楽しくさせることは苦手だと思っていた母だが、自信喪失に悩みながらも、実際は、ユニークで、なかなか面白い子育てをしてくれたと思う。今、客観的に振り返るとそう言えるのだが、私たちが子どものころは、いろいろな場面で意味不明な人でもあった。もっと普通のお母さんがいいと思っていたし、姉も同意見だった。

世界には物語がかくされている

「世界には、お話がいっぱいかくれているから」というのが、母の口癖だった。どうやら、これもアボリジニの影響らしい。

「お話？」

「この家の中にも、いっぱい、あるでしょう。どこかなぁ？　探してらっしゃい〜」

と、またまた意味不明なことを言う母。

私たちは、唐紙や障子の隙間を探したものだった。

実のところ、この家の中だけにも、物語はあふれていた。

曾祖母の婚礼のタンスや、それ以前の時代の「長持」（衣装入れ）。部屋をすっぽりおおいかくすほどの屏風（かくれんぼに最適だった）。そのひとつひとつには、ご先祖様の生きざまや、その時代を語るエピソードがひそんでいた。年月が人の織りなすあらゆる物語を食べつくし、その満腹感が黄ばみとなり、家の隅々にまで染みついていた。たとえば、江戸時代の人々の暮らしを描いた屏風だが、わずかなシミにも、想像力を刺激する物語がかくされていた。

曾祖父が残したこの家は、ふすまを開ければ、次々に別の空間が広がっていて、子どもにとっては、かくれんぼがいっぱいできる場所だった。大戸（丸ごと一本の木からつくられた戸）の裏には、二歳の子どもなら、体を薄くして忍びこめるだけの隙間があって、叱られたときには、ここでいじけていた。

庭にはザクロの古木があり、推定二〇〇歳だという。そんなおばあさんでも毎年たくさんの実をつける。ぐにゃりとまがった幹を、突き出た家の屋根に支えてもらい、枝を思う存分張りめぐらしている。春から夏にかけて咲く、赤みがかったオレンジ色の花は、秋の訪れとともに、深紅の粒を満タンにしたまん丸い実へと変わる。その熟れた実のジューシーなこと。

幹の一番太い部分には洞《ほら》ができていて、雑草が、心地よい居場所をありがとうと言わんばかりにふんぞりかえって、大いに背丈をのばしている。ざくろの古木は、ただで住処《すみか》を貸しているのだ。もう、ずっと長いこと、そうしてきたのだろう。

母は、この家の歴史をすべて見つめてきたザクロの古木を、我が家のおばあさんの知恵袋みたいに、さすったり、話しかけていた。一族の楽しみ、苦しみ、悲しみをともに味わい、静かに見守ってきたザクロの木。その堂々たる姿、まさに、黙して動かず。道元が説いた禅の世界にも通ずるものがある。

「さあ、お話がいっぱいころがっているよ。ひろってらっしゃい」の掛け声を受けて、庭でシャボン玉をやっていた姉がひろったお話は、生まれてはすぐに消えていく、シャボン玉のこころを思いやるというものだった。そのとき姉は小学校一年生。ちゃっかりと、その詩で特別賞をもらった。夏休みの宿題だ。ところが、私はなかなか「物語」がひろえない。才能がないのか、発想が貧弱なのか、姉の想像力がすごすぎるのか、まあ、理由はおいておこう。

アボリジニの世界は、物語がいっぱいの宝箱

伝統的アボリジニ社会では、物語が重要な役割をはたしていた。オーストラリアの大地でアボリジニが生きてきた証は、物語をとおして受け継がれてきた。オーストラリアを舞台にした、はてしない物語は、永遠の時を越えて、その一部は二一世紀の今にも伝わる。

身ぶり手ぶり、声を変え、リズムを変え、面白おかしく、分かりやすく、耳に心地よく、こころにすんなり、ときにしんみりと語られる物語は、アボリジニの歴史と文

化を伝え、先人の知恵をさずけ、後世の人々に理想の生き方を示してきた。

「アボリジニの世界には、ストーリー・テリング（story telling）が、日々の生活の中に満ちあふれていたのよ。お星さまが空いっぱいになった夜には、お母さんやおばあちゃんに抱っこされて、星になった七人の姉妹のお話を聞くでしょ。それから、植物を採りにいくときには、生えている木や、近くにある水場、岩や川にまつわる物語を聞くの。まわりのおとなは、みんな話し上手だから、子どもたちは目を輝かせて物語の世界に入っていくのよ。お話を楽しみながら、生きていくのに必要な動物や植物に関する知識や、いのちのつながりや関係性について学んでいったの」

「教科書の代わりに物語かぁ。子どもに教えることが、全部、物語になっているなんて、アボリジニもなかなかやるな」と、私の想像はふくらんだ。

そんなアボリジニの影響かどうか知らないけれど、母は、即興で創作童話というか、適当ないい加減な話（？）をつくっては、寝る前に聞かせてくれた。特に、布団の中でくるまって聞く話は、そのまま夢につながったりして、面白さは倍増。

想像力というのは限りない。特に、子どもの想像力は、際限なく広がっていくものだから。子どもというのは、終わりのない空想の中で、一日の半分以上を過ごしていると思う。

たくましい想像力こそ、豊かな感性を生み出し、感動する気持ちにつながるのかもしれない。年齢を重ねるごとに感動することが少なくなるのは、頭が知識で凝り固まって柔軟性に乏しくなるからなのか。だったら、子どもの育つ栄養素は物語だ。しかも、アボリジニの物語は、にわかづくりじゃなくて、はるか遠い昔から語り継がれたものだから。

アボリジニの物語の内容は、すべての分野を網羅していたらしい。今風に言えば、本屋にあふれているハウツー本や自己啓発書みたいなもの。先祖から伝えられた、地球に生きるための知恵でもあり、食べ物のありかを教えてくれる経済の指南書でもあり、文学や哲学書でもあった。

女性はこうあるべきだとか、男の生きる道もあれば、人間としてどう生きるべきかという、倫理と宗教、教養の合体本でもある。（ところで、アボリジニ社会には、私たちが通常考える、教祖あるいは創始者がいて、信者がいて、特定の崇拝の対象や聖人がいてなどの宗教の概念はない）その他には、カンガルーの足が長い訳とか、最初の火は宇宙人が持ってきたなんていう、現代人の想像力を超えた、発想の玉手箱のような話も満載だ。その話の数が半端ではない。アボリジニに言わせれば、オーストラリア大陸は、お話の宝庫だった。

「ここにも、そこにも、あそこにも、『お話出てこーい』と呼びかけると、ポンとはじけたゴム毬のように、川や谷、ユーカリ林の中から飛び出してくるの」と、母。

自然にもこころがある

ちょっと哲学的に言えば、「森羅万象のかげに物語あり」ということになる。アボリジニは、孤立したオーストラリア大陸に生きてきたが、長い時間をかけて、大地や景観を、千差万別のストーリーワールドの大舞台に変えてしまったのだ。

「だからね、オーストラリアでは、岩は、ただの岩じゃないの。岩も『岩物語』をこころに秘めて、そこに黙って座っているの。そして、『岩物語』を知っている誰かが来て、歌ってくれるのをじっと待っているの。（物語には誰でもが簡単に口ずさめる節がついている）でも、本当に、ほんとうに残念なのは、（母はここで、語気を強める）イギリス人がオーストラリアに来てからは、物語を歌ってくれる人が、めっきり少なくなってしまったことなの。それで、自然はさびしがっているのよ」

「自然がさびしがっている？」と、私。

「そう、自然にもこころがあるの」と、母。

そうか、自然にも喜怒哀楽を感じるこころがあるのか。

目に見える世界と見えない世界が、隣り合わせで存在しているというのが、母の考えだった。一枚の紙の裏表のように、そのどちらが欠けても、世界は成り立たないのだと。

「大地にしっかりと根づいて生きている岩が、古い地球の知恵を持っているなんて、オーストラリアに来たイギリス人には、理解できないことだったの。目に見えるものしか信じられなかったから。岩の後ろにある、いのちの大きな広がりが理解できなかったから、アボリジニの世界を滅ぼしてしまったのよ」

アボリジニの悲劇を語るとき、母は本当に悲しそうだった。

「イギリス人が、大きな岩の前で腕組みして、ウ〜ンとうなって考えたことと言えば、せいぜい、どうやったら、この邪魔物を砕いて牧草地にして、一匹でも多くの牛をつれてきて、お金儲けをしようかなということだったの。岩のこころを感じる余裕をなくしていたのよ。オーストラリアの自然を利用してお金を得ることしか、頭になかったからね。ホント、悲しいね」

（これは開拓時代の話で、現在では、アボリジニ文化は、オーストラリアの文化遺産として保護されている）

イギリス人が来る前のオーストラリアでは、岩も知恵者として尊敬されていたらしい。私たち人間よりも、ずっと長く地球に住んで、地球に生きていく意味を知っている賢者として。

たとえば、火打石。打って火を起こせるかどうかは、石を手ににぎって、石に聞いてみたとか。そうして、火をはらんでいる最適な石を見つけ出したそうだ。石のことは、石が一番よく知っているということか。また、子どもが遊びで石を蹴ったら、元の場所に戻すように叱られたとか。「石（イシ）」にも「意志（イシ）がある」ということなのか？

「こんな考え方って、ステキでしょ」と、母は、よほどアボリジニワールドが気に入っているのか、うっとりと両手を胸の前で合わせた。その仕草は、母が独特の「自分ワールド」に入る前触れだった。姉と私にはそれが分かっていた。

アボリジニによってつむがれた物語は、自然界とのつながりを確認する手段にもなり、オーストラリアの自然をより意味深いものにした。

「アボリジニは、まさに、物語とともに生きてきた人たちだったの。お話をバカにしてはいけないよ。語り伝えなければならないことは、日常生活の中で、おじいちゃん、おばあちゃん、お父さんやお母さんから聞く物語の中に、真実がひそんでいる場合もあるからね」と、母は言う。

私は、「世界は物語がいっぱいの玉手箱」という母の言葉が、耳について離れない。「大切なのは、あなたが、聞き耳をたてるのか、ふさいでしまうのか」という言葉とともに。

ングルンデリの冒険物語

ある日、母は、私たちを「ングルンデリの冒険物語」の世界へとつれていった。

目的地は南オーストラリア州。

アデレードの近くを流れる、マレー川というオーストラリア最大の川と、対岸にあるカンガルー島だった。この一帯は、マレー川の下流に住むヤラルディ族に伝承される、天地創造物語の舞台になっている。

「ただの川じゃないか」と思いながらも、私は、川岸にびっしり生えている、自分の背丈ほどもある葦《あし》をちぎって遊んでいた。いつも、せわしなく動き回って、ストーリーを創作している姉にくっついて、ウロウロしていた。私たちは川岸に腰をおろし、母の語るングルンデリの物語を聞いた。


ングルンデリは、巨大な魚を追いかけて、カヌーで川を下っていった。

その魚が尾をふり、泳ぐたびに、小さかった川幅はどんどん広がっていった。

しばらくして、ングルンデリは疲れたので休むことにした。

そうしている間に、魚は逃げてしまった。

ングルンデリは、兄（弟）のネベルのことを思い出し、再びカヌーをこぎだした。

ネベルは、湖にいた魚を捕り、ングルンデリと一緒に、魚を小さくきざみ、水の中に投げ入れた。

ひとつひとつの魚の身に名前をつけながら、投げ入れた。

そして、最後の魚の身に、「マレーコッド（マレー川にいるタラの仲間）になれ」と、叫んだ。

ングルンデリの旅は続いた。

カヌーをかついで、ラルランガンジェルの土地を歩き、紫貝の仲間をふたつ残した。

いらなくなったカヌーを天に押しつけたら、天の川になった。

ングルンデリにはふたりの妻がいたが、妻たちは、女性が食べることを禁じられたコイの仲間を、グレンバンの地で料理していた。

風にのったにおいを感じたングルンデリは、急いで、妻たちを追いかけた。

それに気づいた妻たちは、あわてて、葦《あし》のいかだでアルバート湖を横切り、対岸のタラルラムへと逃げた。

ングルンデリもまた葦《あし》のいかだをつくり、後を追い、妻たちが向かったクーロンの地へと急いだ。

その途中、パッランバリというスピリット（精霊）に出会い、妻たちの行方を聞いたが、これが悪霊で、ヤリで太ももを突いてきた。

結局、ングルンデリは、こん棒で悪霊を殺し、積み上げたユーカリの木に火をつけて、燃やしてしまった。

妻たちを探すことをあきらめたングルンデリは、いったん家に戻ったが、また旅に出た。

ある日、潮が引き、カンガルー島まで歩いて渡れることになった。

なんと、妻たちが、そこを歩いているではないか。

「海に落ちろ！」と、ングルンデリは、怒りにまかせて叫んだ。

そのとき、突然、水位が上がり、妻たちは溺れ死んだ。

島に着いたングルンデリは、カシュアリナの木を生えさせ、木の下で休んだ。

西側の海に、持っていたヤリを投げたら、ヤリは、長い岩になった。

そして、ングルンデリは、海で身体を洗い流した後、天へとのぼった。

「お前たちが死んだら、その魂は私がつくった道をたどり、スピリットの世界で私とともに暮らすのだ」という言葉を残して。


「はい、これが、ングルンデリの物語よ。どうだった？」

ポカンと口を開けている私たちに、母はこんなふうに解説した。

アボリジニの意味するご先祖様

「ングルンデリって誰なの？　人間なの？」

「人間なんだけど、人間ではないというか、まあ、言うなれば、みんなのご先祖様のひとりみたいなものね」

「英語で言うと、Ancestral Spirit Beings（先祖の霊的な存在・先祖のスピリット）。我が家のご先祖様だけじゃなくって、人間だけのご先祖様でもなくて、岩や木、カンガルーや丘のご先祖様でもあるし、この世界にある、ありとあらゆる存在のご先祖様のことなのよ」

「ふーん？？？」

一瞬、頭の中に、顔にコアラのお面をかぶって、手足がユーカリの枝みたいになった自分の姿が浮かんだ。そうか、アボリジニのご先祖様というのは、こんな感じなんだ。子どもごころに描いたアボリジニ的ご先祖様とは、まさに、これ。ただただヘンテコリンなお化けみたいな存在だった。子どもには抽象概念がない。はっきりとした形でしか、いろんなことが理解できないのだ。

母が言うところの、「アボリジニの意味するご先祖様」とは生命力だと理解したのは、ずっと後になってからだ。「いのちの源」とか、「霊体」とか、「エネルギー体」とも言えるかもしれない。

何もない平坦な大地（海の近くの部族では、海のようにだだっ広いと表現される）から生まれ出たスピリット（霊的な存在）は、夢を見て旅に出た。（ここで、夢を見たとわざわざ書いたのには訳がある。詳細は後ほど）

ちょうど、アボリジニがするように、歩いたり、走ったり、狩りをしたり、結婚したり、喧嘩したり、愛し合ったりしながら旅を続けた。そうした行動のひとつひとつが景観を生み出し、世界は、今在る形になったという。

山も川も海も、今、目の前に広がる世界は、先祖のスピリットの壮大なる夢と大胆な冒険旅行の賜物だというわけだ。そして、ングルンデリのように、天地創造の活動が終わると、天にのぼったり、自分が創造した景観の中に入りこんだ。

「だから、ご先祖様は、あっちにもこっちにもいるっていうわけ。仏壇とお墓の中だけが居場所じゃないのよ」と、母の説明。

アボリジニの神話には、カンガルー男、サメ男、ヘビ女、ブッシュイチヂク男みたいな、人とも動物とも植物ともつかない、「ヒト科＋α」みたいな存在もたくさんいるとか。それは、実際にそういう存在がいたのではなく、いのちのつながりを表現しているらしい。

アボリジニの考えでは、まず、「霊体」（スピリット・エネルギー体）があって、肉体は後からできた。だから、「カンガルー男」とは、「カンガルー」と「人間の男」とが合体した「霊体」があって、後に分離して、実際の「カンガルー」と「男」になったのだ。

ともかく、アボリジニの哲学から言えば、一番大切なのは、森羅万象はつながっているということ。人も、動植物も、鉱物も、同じ地球の住人だ。もともと同じエネルギー体から生まれたのだから。

ビッグバンにはじまり、さまざまな地殻変動が起こり、地上の景観はつくられた。

そして、生命体もつくられた。アボリジニは、こうした地球上の創造の一番の元締めに、万物のエネルギー体をおいて、森羅万象は根本的につながり、同じものから派生していると伝えてきた。

世界は夢を見ることからはじまった

「アボリジニの神話って、ひとまとめに、ドリーミングと呼ばれているの。ドリーミングって、『夢見』という意味なんだけど、天地創造は夢を見ることからはじまったの」と、母。

「夢見？」

「ドリーミング？」と、子どもたち。

「はい、はい、ちょっと、目をつむってみて。想像して。今、キミたちが住んでいる町がなくなって、家も学校も公園も、山も木も何もない、まっ平らな地面のようなものだけが広がっているだけの世界を」

私は、想像の中で一軒ずつ家を取り払っていった。まずは自分の家。隣のおばさんの家。いっちゃんにカヨコにと、近所の友達の家をどんどん消していった。保育園も小学校もだ。ついでに、そこに登場する先生や友だち、学校へ行く途中で、その辺を歩いている人たちも。ウロウロしているノラネコも消えた。

「これでいいのかな?」と、母の顔を見た。

「はい、消えたよね」と、母。

「さあ、ここで、キミたちは考えてくださいね。何もない所に、何をつくりますか?」

何からつくるべきなのか?

そりゃあ、自分の欲しいもの。たとえば、おもちゃ屋さん。ニヤニヤしながら、どんどん想像がもりあがる。

「何をつくるのか決まったら、どうする？」

「ウーン、大工さん呼んで、世界中のおもちゃを売っているお店をつくってもらって、それから……」

「そうね。まさに先祖のスピリットたちも同じことをしたの。まずは夢を見たの。キミたちも、今、いろんな想像をしていたでしょう。こんなモノがあったらいいなって、いろいろ考えながら。頭の中で思いをめぐらせていたでしょ。夢や想像って、自分の頭の中だけのこと。でも、つくろうって決めて行動に移したときに、はじめて、誰の目にも見えるモノができるじゃない？　形になるのよ。ほらっ、それって、みんなが、毎日していることでしょ」

確かにそうだ。たとえば、パスタが食べたいとき、最初は「こころ」or「頭」の中で思う。その時点では、私がパスタを食べたがっていることを、誰も知らない。私はパスタ屋さんを探して食べる。ここでやっと、みんなに分かる。私がパスタを食べたがっていたということが。

母は続けた。

「夢という言葉を、『思い』に置きかえたらどうかしら。『こうしたいという思い』は、形あるすべてのモノに眠っていて、いのちとは、そのモノにひそむ力なのかもしれない。ちょっと難しいけれど、すべての形の中には、つくられたときの『意識』がうもれているの」

私たちは、母の説明をいろんな言葉でころがしてみた。

「まあ、簡単に言えば、今、目の前にあるモノは、夢が形になっているということだ

ね」との、私の発言を受けて、

「じゃあ、すべての形をつくったアボリジニ的ご先祖様とは？」と、母。

「創造のエネルギーよ」

「すべてを知るエネルギーよ」と、姉。

私はポカンとしていた。

「じゃあ、モコ（当時飼っていたウサギ）の夢は？　草を食べるとかの習性のこと？」と、私。

「ううん、もっと、モコしか知らない秘密の夢があるのよ、きっと」と、分かったふりをする姉。

「じゃあ、私の中で眠っている夢は？」と、私。

「魂の中にある人生の計画よ」と、母は言った。

ということは、私には、「すべてを知るエネルギー」があって、芽を出すのを待っている種子があるということ？　ナニ、それ？

「魂の知的本質」

そのときの母の答えが、それだった。

今もって、私は、母のこの言葉を理解しているわけではない。その意味が分かるまでには、もっと多くの年月と経験が必要なのだろう。もしかして、母自身も、その答えをまだ模索しているのかもしれない。相変わらず、旅を続けているのだから。

ドリーミングの世界観

ご先祖様たちが、せっせ、せっせと、世界をつくっていた時代は、ドリームタイム（夢の時代・天地創造の時代）とも言われる。

世界には無数の生き物がいて、姿や形、生態系はみんな違う。アボリジニ的に言うと、創造されたときの夢見が違っているからだ。つまり、はじめてこの世界に登場したときの物語が異なっているということだ。

「もうひとつ、ちょっと難しいんだけど……。時間に対する考え方が、アボリジニと私たちとでは違っていたの。私たちにとって、時間とは、過去から現在、未来へと一直線に流れるもの。過去には戻れないと思うでしょ。実際に、身体は過去には行けないよね。赤ちゃんに戻りたくても、戻れないでしょ。でも、こころや頭の中は違うよね。昨日のことを思い出したり、明日の心配をしたり、シミュレーションをしたり、時空をあちこち飛んでいるでしょ。アボリジニの場合は、天地創造物語を歌ったり踊ったりして、創造されたときに戻ることができるの。創造のエネルギーの中に溶けこむことができたのよ。ングルンデリが活躍した天地創造の時代にだって行けたのよ。身体は今ここにあっても、意識というかマインド（頭）は、自由に動き回れるから」

ドリーミングの世界は、現代人にとっては難解だ。少なくとも私はそう思った。母は、こんな複雑なことを、オーストラリアの大学院の授業で習っていたのか。おまけに英語で。実際、アボリジニの哲学は、実践が伴わないとだめだと、母は思ったらしい。教室で理論として勉強しても、産業社会の一員として教育されている現代人の頭には、すぐには入ってこないからだ。

そこで、母は「身体知」に注目した。身体が持っている知だ。マインドの知だけでは、アボリジニの世界観は理解できないと判断したのだ。

身体知の開発（？）のために、ヨガにダンス、気功に太極拳、「センサリーアウェアネス」（感覚をみがき、自己と世界との調和のあり方を見い出すワーク）やら、「シャーマニズム」（自己の精神的源泉に立ち返るワーク）など、いろんなワークショップに出かけていた記憶がある。よく出かける人というのが、幼い頃の母の印象だった。それも、その辺じゃなくて、世界中どこにでも、ひとりで行ってしまう。「シャーマニズム」のワークショップにカナダにとか、火山の女神に会いに（？）ハワイ島とか、身体の感覚をみがくためにとか、行き先はよく知らなかったが。（笑）

その結果は？ さあ、私には、分からない。

でも、のめりこんでいたのは事実。

「物語」というパラダイム

「ところで、ングルンデリなんだけど、残酷じゃないのかな、奥さんを殺しちゃって。食べてはいけないものを食べただけで」と、素朴な疑問の私。

「実は、アボリジニの神話は法律の役割もあるの」と、母。「食べてはいけないものを食べることとは、アボリジニ社会では、掟破《おきてやぶ》りとして大事件だったのよ」

狩猟採集でいのちをつないでいたアボリジニにとっては、自然界での種《しゅ》の絶滅は大問題だった。食物規制の「掟《おきて》」（決まりごと・法律）をつくって、自然界のバランスを維持して、種《しゅ》の絶滅をふせいでいた。

性別やトーテム（今風に言えば、マイナンバーみたいなもの）によって、ひとりひとりに、食べてはいけないものも決められていた。ングルンデリの話を聞いて育った子どもたちも、ごく自然に、この「掟《おきて》」について学ぶことができたというわけだ。

「アボリジニに伝わる神話は、地球に生きる法律書とも言われているの。人間のつくる法律なんて、時代のニーズでコロコロ変わるでしょ。たとえば、戦前の大日本帝国憲法と戦後の日本国憲法とは、まったくの別物。でも、アボリジニの神話は何万年もの間、変わらなかったし、生活に密着して生かされてきたの。人間がこの地球上で生活をしていくという基本をとらえているから」と、母。

確かに、人間が地球に生きているというのは、基本中の基本だ。マンモスを追いかけていたときも、馬に乗っていた時代も、飛行機で移動する現代でも、変わらない事実だ。だから、アボリジニの神話は色あせないのかもしれない。

ただ、すごく残念なのは、アボリジニ社会には文字がなかった。一八世紀の終わりに来たイギリス人は、アボリジニの大半を虐殺してしまったから、ドリーミングの知識を持っている人たちがいなくなってしまったのだ。イギリス人による植民地化の混乱期に、きちんと伝えられないのなら、死後の世界に持っていったほうがましだと言って、亡くなった長老たちもいたそうだ。

母が語ってくれたアボリジニ文化の話は、アボリジニ文化の喪失を憂えた文化人類学者たちが、一九世紀と二〇世紀に、まだ伝統的アボリジニ社会が残っていた部族をたずねて、聞き取り調査の結果、手に入れたものだ。

イギリス人は、アボリジニを、文化のかけらも持ち合わせていない「野蛮人」として殺した。その一方で、人類の貴重な資料として、「文化」を集めた人たちがいた。しかし、多くが失われたことには違いない。イギリス人の来る前のオーストラリアには、どんな世界が広がっていたのだろうか。今、私たちは、ちっぽけな断片から、壮大で深遠なるアボリジニの世界を垣間見ることしかできないのだ。

古代人は、伝えたい真実や思いを物語に変えて次世代に託した。それが一番こころに染み入る方法だったから。世界を理解するのに、数値や科学的立証だけでなく、もうひとつ、物語というパラダイムを持ったら、思考活動にもっと奥行が出て、今まで気づかなかった面白いものが転がり落ちてくるのだろう、きっと。

ソングライン～オーストラリアの秘密の道

「オーストラリアには、秘密の道がたくさんあるの」と、ある日、母は言った。

「ええっ、秘密？」

あぁ、秘密という言葉に、人はなぜにこんなにも弱いのか。秘密と聞いたとたんに、身を乗りだして母の話を聞こうとするなんて。

「秘密の道というのは、そうねぇ、ちょうど、宝探しの地図みたいなものよ。絵の意味や暗号を解いたりして、秘密の道をさぐっていくと、お宝に出会うっていうもの、ウフフ」

とまどう姉と私。

「何それ？」という私と、「ああ、面白そう」と姉、よく分かっていないのにノリだけはいい。

私たちは、またまた、母の魔法のような言葉に振り回された。

「あのね、オーストラリアには目に見えない道が、あっちもこっちも、いっぱいあるの。お話を知っているアボリジニしか見えない道なの」

とっさに透明人間を想像した。誰からも見えなかったら、お皿にあるケーキも、こそっととれるから便利？　みたいなことが書いてあったっけ。道も人間みたいに透明になってる？　そんなことしたら歩けないよ。ちょっと面食らう。それから走れないし。交通事故だらけだよ、そんなの。ヘンなの…。

「道が見えなかったら、どこにどうやって行くの？」

きょとんとして聞いた。

「はい、いい質問ね。その秘密を解くカギは、ジャン、ジャン。歌なんで～す」と、母。

「アボリジニが毎日歩く道は、歌で結ばれていたの。だから、オーストラリア中にはりめぐらされた道のことを、ソングラインっていうの。あっ、ダメダメ、オーストラリアの地図を見てもだめよ。のってないから。地図にあるのは、人や物を運ぶ目的でつくられた、大地に引かれた線でしょう。そうじゃなくて、物語と物語をつなぐとできる道なの。アボリジニは、先祖から伝わる物語を歌いながら旅をしたの」

「どんな歌？」

「たとえば、ングルンデリのお話。紫貝の仲間をつくったとか、魚の身を投げて、いろんな魚に名前をつけていったとか。物語を歌いながら、アボリジニは何万年もの間、旅をしていたの。土地を移動しながら、季節ごとの果物や植物を食べ、動物の狩りをして暮らしていたの。どの季節にどこに行けば、どんな獲物がいるとか。きれいな水場があるとか。お話をたどれば、食べ物探しの地図みたいなものができるの」

アボリジニが歩いていた道は、ソングライン（歌で結ばれているので「白人」がそう呼んだ）とか、ドリーミングトラック（神話の道）とも呼ばれている。その道は、物語（神話）を知っているアボリジニにしか見えない。

物語を知らない私たちが行っても、ただの荒地が広がっているだけとしか思えないのだから。おっと、失礼。ただの荒地とは。アボリジニさん、ごめんなさい。でも、それは当たっている。

私は二歳のときに、アウトバックにつれていかれたことがある。写真で見ると（当時の記憶はまったく残っていない）、本当に何もない。赤い大地に低木がところどころ散らばる、どっちがどっちなのかも分からない空間だ。

なんと摂氏五〇度の中を、まだ二歳になったばかりの私をつれまわしていたのだ。おまけに、そのとき、私は中耳炎にかかっていた。母は気づいていなかったが、私は耳を押さえながら、イタイと訴えていたらしい。母はアボリジニに会うことに夢中で、気のせいだよと、のんびりかまえていたのだ。

それなのに、オーストラリアの後に香港まで寄って、日本に帰った翌日には、鼓膜が破れて血と膿がふきだしてきたとか。母は、ここではじめて、事の深刻さを知ったのだ。母は、その後おおいに反省をして、それから何年間も海外に出かけなかった。母なりに自分を相当責めたらしい。

アボリジニの宝の地図

オーストラリアのはてしなく続く大地では、誰もが迷子になってしまう。昔、イギリス人の探検家が、食べ物がなくて、飢え死にしてしまったという実話がある。そんな昔話を聞いたアボリジニがこう言ったとか。

「えっ？　飢え死にだって？　そんなの、スーパーマーケットの真ん中で死ぬようなものじゃない」

アボリジニにとっては、オーストラリアの大地はどこでも（たとえ、私たちには、暑くて乾燥していて五分とさえ歩けない所でも）、食料が山積みになったスーパーなのだ。

どっちに行ったらいいのかは、頭の中に入っている物語を口ずさめばいいだけのこと。先祖が創造活動をして通った道をたどれば、くまなくオーストラリア全土を旅できるのだ。それがソングラインのすごいところだ。

「そうか、神話は、スーパーの陳列棚みたいなものだったんだ」と、私。

「こっちのコーナーにはお肉」、「二列目の通路は飲み物」、なんて案内が出ているけれど、アボリジニの場合は、ストーリーのとおりに進んでいけば、望んでいるものが食べられるっていうことか。

では、ここで、アボリジニに伝わる宝の地図の話をひとつ。

むかし、むかし、ふたりの少年がいた。
大雨のあと、少年たちは、泥んこ遊びをした。
泥の山は、乾いて、ウルルになった。

少年たちは、また歩きはじめ、ウィプタまで来て、
小さなカンガルーを見つけた。
ふたりは、そのカンガルーを焼いて、食べた。
それから、アティラ（マウントコナー）をめざして、また歩いた。

今度は、少年のひとりが、ワラビーを見つけた。

こん棒を投げた。

おっと、残念。

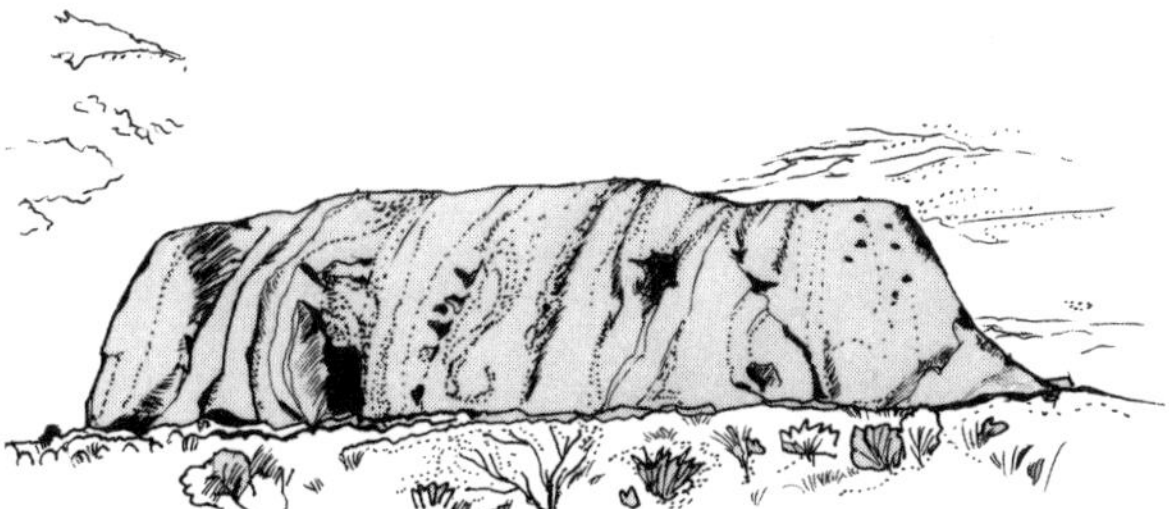

しとめそこなって、こん棒は、地面に突きささった。

そこから、水がこんこんとわきだした。

その少年は、水のありかを、もうひとりに教えなかったから、二人は大ゲンカ。

それから、ふたりはアティラにのぼって、岩になった。

「アボリジニのお話って、日本のわらべ歌のようなものなの。簡単なメロディがついているから、覚えようとしなくても、聞いていれば、いつのまにか頭の中に居座っているっていう感じ」と、母。

そこで歌わされたのが、「あんたがたどこさ」という日本のわらべ歌。

『〜あんたがた　どこさ　肥後《ひご》さ　肥後《ひご》どこさ　熊本さ　熊本どこさ　船場《せんば》さ　船場《せんば》
山《やま》にはタヌキがおってさ　それを猟師が鉄砲で撃ってさ　煮てさ　焼いてさ　食って

さ　それを木の葉でちょいとかぶせ〜』

「この歌詞から分かるのは、熊本には船場山があって、タヌキが住んでいる。タヌキは、煮ても焼いても食べられるということでしょう。アボリジニの神話（歌）も、まさにそんな感じなの。ふたりの少年の旅物語を口ずさんで歩けば、カンガルーもいるしワラビーだっている。水場にも行けるってわけ。だだっ広いオーストラリアの大地で、迷子になることはないのよ。お話が全部教えてくれるから、いのちをつなぐことができるの」

母につられて、私たちは口をパクパクした。母が相当な音痴だと知ったのは、ずっと後になってからだ。子どもとは、なんと純真なのか。音痴とはつゆ知らず、ただ母から流れる怪しい（？）メロディを、きちんと真似していたのだから。

「さて、このお話の舞台はどんな所なのか」ということで、私たちは、赤い車の後ろに荷物と一緒に乗せられて、また旅に出た。

当時の母のメモ書きには、こんなふうに記されている。

～行先は、オーストラリア大陸の中央に位置するアリス・スプリングス。

南へとまっすぐにのびるスチュワートハイウェイを、エルドンダという町まで二〇〇キロ南下。

赤茶けた平坦な大地に、一本の帯のような道が、陽炎のゆらめきの中、空と交わるまで続く。

時折、そのゆらめきの中から、影のように対向車が現れる。

紫の花をつけるスピニフェックスが、とげとげしい硬い葉を広げて、地面にへばりつくように広がっている。

静かな空間の中で、かすかな虫の声と、熱が放つ音だけが鼓膜に響く。

気の遠くなるような錯覚に脅かされ、ただひたすら車のアクセルを踏んでいく。

エルドンダから進路を西に変えて、ウルルまであと二五〇キロ。

しばらく走ると、左手に、頭がするどいカッターナイフで直線に切り取られたような、台形の山が視界に入る。アティラだ。アティラのてっぺんには、岩になったふたりの少年（先祖のスピリット）が、今も見守っている。

アティラを過ぎると、いよいよ、オーストラリアのおへそウルル。

頂上が直線的なアティラとは対照的に、全体にもっこりと丸みを帯びた形だ。なるほど、少年たちの泥んこ遊びの跡だとうなずける。ウルルはアボリジニの聖地だ。たくさんの洞穴や水のわく所にも、ドリーミングのお話が伝えられている。〜

最後に、私たちはウルルの近くでキャンプをした。

ここでエピソードをひとつ。

夜になって、ようやく大量のハエと暑さから解放された私たちは、その夜もまた外に椅子を出して涼んでいた。突然、すぐ脇の茂みがガサガサとゆれた。のっそりと現れたのは、なんと、人の背丈ほどもある大形のディンゴだった。

ディンゴは、ゆっくりと、私と姉のすぐ後ろを歩いていった。子どもが危ないと直感した母は、「シィ」と人差し指をたてて、私たちに合図を送った。静かに知らんぷりをしていたら、ディンゴも危害を加えることはないと判断したのだ。母は、後に、心臓が凍りつくとは、このことだったと述懐した。

翌朝、姉が、外に干しておいた水着がないと大騒ぎをした。母は、早速キャンプ場の管理事務所に行った。

「ピンクでミニーの絵がついている水着を見つけた人はお届けください」というメモをはるためだ。

ついでに、管理人にディンゴが現れたことも話した。

「ああ、ディンゴが犯人ですね」と、管理人は、いとも簡単に結論づけた。

「それにしてもヘンねぇ。どうして私の黒い水着は持っていかなかったのかしら？」

と、怪訝《けげん》そうな母。

「そりゃあ、ディンゴだって可愛いものが好きなんでしょう！」

どこか納得のいかなかった母は、帰国後、学会で、ディンゴの専門家にこの話をした。

「ディンゴは夜行性だから、色は見えませんよ。ハハハ」と、一笑に付された母。

じゃあ、あの自信に満ちた管理人のコメントは、いったい、なんだったのだろうか？？？

自然と共存することが一番良い生き方

その旅では、骨付きカンガルーの足も食べた。焚き火の上には、ドラム缶のような鍋。中には煮えたぎったお湯からのぞいている足。表面には黄色い油がぎらぎら浮いていた。

私は少しだけアボリジニの気分を味わえた。神話を歌い、旅をして、食べて、そうして、自分の生きている世界を確かめていったアボリジニ。食料を得るばかりではなく、環境にも注意をはらい、世界をつくりあげた先祖のスピリットたちとつながり、自分のいのちの源とつながったアボリジニ。

アボリジニは、森羅万象とのつながりを物語から学び、形は違っても、深い魂の部分では、すべてはつながっていることを知っていた。自分の人生や家族同様、守るべきものは美しい空気であり、豊かな実りを約束してくれる大地だった。

「自然と共存することが一番良い生き方」という考え方が、すみずみにまで行き渡っていた社会だった。

アボリジニの子どもは、神話をとおして、森羅万象にはいのちが宿っていることを知っていく。自分が生きているのと同じように、山も、ユーカリの木も生きていて、いのちはつながっていることも学んでいく。

世界の多くの民族は、想像力を駆使して独自の物語を生み出し、自然に意味を与えてきた。それが固有の文化として発展してきた。アボリジニの物語もまた、大自然はエネルギーに満ちあふれ、動的で、胸躍るものだと気づかせてくれる。同時に、人と自然とのかかわりは、互いに助け合い、支え合う関係であることを思い出させてくれる。

そして、物語は、景観にうめこまれた「いのちのつながりの真実」を解き明かす手がかりとなるのだ。

アボリジニの世界創造物語について、母が特に言いふくめたのは、「この世界の理解のしかた」というものだった。

見渡せば、どこもかしこも、いのちにあふれている。生命力がいたる所にみなぎっている。それが、この世界だということ。

「いのちであふれている世界に対して、私たちは何をしたらいいの？」

アボリジニは物語をつくり、歌やダンスにして、世界のいのちをたたえた。ついでに、食べ物地図という、実践的なアイディアも入れながら。そして、川にも、岩にも、丘にも、「生まれてきてくれてありがとう」と、生まれたときの物語を歌ってあげた。自然に感謝をささげ元気づけた。

ありとあらゆる創造物も、もとをただせば、ひとつ。

アボリジニは、それを「先祖のスピリット」と呼んだ。

ひとつひとつの形は違っていても、エネルギー的には根本的につながっているし、調和のとれた形でこの世界に存在している。

完璧に調和のとれた美しい世界は、すでにここに在るのだ。

私たちのできることは、そこに意識を向けて生きること。そして、この美しい世界をあるがままに守り、子孫にゆずりわたすことなのだ。

今ここで、太古の人類の知恵にさかのぼって、人がいじりまわして複雑にしてしまった世界から、一歩引かなくてはいけない。

便利さを維持するために、いらだち、戦い、あくせく働く世界から少し距離をおいて、世界を動かしているシンプルな真理に目を見開くことが必要なのだ。

第三章

感情の持つ力を知る

子どもを甘やかすこと

私はテレビゲームを買ってもらえなかった。どんなに頼んでも、母はOKサインを出してくれなかった。子どものとき、そんな母を憎らしく思っていた。仲間の中で私だけだった。テレビゲームがなかったのは。恥ずかしかったし、友だちの家でやらせてもらってばかりで、肩身もせまかった。

おとなは、こう考えるだろう。子どもの願いを全部聞いていたら、わがままな子どもに育ってしまう。世の中は、なんでも思い通りになると思ったら大間違い。がまんすることも覚えさせなくては、と。

確かに、おとなの言い分にも一理ある。

ここが難しいところなのだろうが、子どもにとっては、望みが叶えられないと、自分が拒否されたと感じるのだ。ときには、自分の存在そのものを否定されたと思うこともある。自分の願いはいつも無視されていたとか、受けとめてもらえなかったという気持ちが、こころの底でかたまって、トラウマとなり、一生引きずっていくこともあるかもしれない。

そんなときの「お助けマン」が、アボリジニの知恵だ。

母が語ってくれたアボリジニの子育ては、子どもがひがまず、それでいて、じんわりと「わがままはだめだよ」と教えていく。そのあたりの工夫が素晴らしい。いつか自分も親になったときに試してみたい。

ごく小さいときには、どんなわがままも受けとめる

伝統的アボリジニ社会では、基本的に、小さい子どものわがままは、すべて受けとめるようにしていた。子どもにとっては、「いいな、いいな。うらやましい」の世界だ。

「じゃあ、ゲームでもなんでも、欲しいものは全部買ってもらえるってこと?」

「ううん、ちょっと、ニュアンスが違うかな」と、母。

「???」

「じゃあ、キミたちは何が欲しいの？」

「○○君が持っている、最近発売されたテレビゲームに……、○○のおもちゃに……」と、最初は目を輝かせながら、あれこれと指を折って数え、はりきって大声をあげていたのだが、だんだん「欲しいモノ」が浮かばなくなって、ついには黙ってしまった。

母は、この瞬間を待っていたかのように切り出した。

「次は、自分が、なんでも思い通りにできる女王様になってください。はい、何がしたいですか」

また、いきなり変な質問が来た。

「女王様か…。よし、コーラを飲んでフライドチキンを思いきり食べようっと。コンビニのお菓子もいっぱい食べてやる」

母は、いわゆるファーストフードと呼ばれる食べ物やインスタント食品、添加物の入った食べ物を禁止していたので、私には、そういうものに対する憧れがあった。だんだん顔がにやけてきた。「それからっと、思いきりゲームをしよう。部屋もおもちゃだらけにして」と、空想はますます広がっていった。

「はぁい、ストップ。楽しかったね」

母は両手をポンポンとたたいた。（これは母のおなじみの動作で、このサブジェクトはおしまい。次に移りますよという、いかにも先生っぽいアクション）

今振り返れば、子どもというのは、なんて欲のない純真な生き物なんだろうと思う。子どもの欲しがるものなんて、たかがおもちゃと食べ物ぐらいじゃないか。そんなささやかな望みさえ叶えられずに、親に叱られて、ぐずっていたのかと思うと、小さいころの自分が可哀相で胸がしめつけられる。

「そうよ、子どもの欲求なんて、ほとんどは無邪気でたわいのないものなの。でも、この世界は、自分の欲望だけで成り立っているわけではないことを、人はいつか知らなきゃいけないの」

「赤ちゃんって王様でしょ。可愛い可愛いって、いつでもほめられるし、おなかが空けば泣けばいい。おしめが濡れても泣く。ご機嫌なときには思いきり笑って、気分が悪いときには、ぐずりまくる。それでも、まわりのおとなたちに許されていく。でも、わがままは、いつまでも許してもらえないの。なんにでも終わりがあるように、許されることにも期限があるの。ポイントは、子どもが、許されるのはここまでかなと、自発的に気づくように終わらせることなの」と、母は説明した。

さあ、ここで、母直伝のアボリジニの手法に入ってみよう。

子どもとは何か

一、子どもとは、エネルギーのかたまり。

二、子どもは、本来、自由奔放でわがまま。

親は、まず、これを受け入れようというのがアボリジニ流だ。

だから、子どものわがままなんて、特別に目くじらをたてることではないと、自分に言い聞かせる。

三、子どもには、生きる意志があり、生きるために、食べたり飲んだり愛情を求めたり、自分が欲しいものを手に入れるために、すべてのエネルギーを使う。

こうした子どもの欲求は、個人的なものというよりも、すべての子どもに共通している。

ざっとまあ、こんなところだ。確かに、赤ちゃんがエネルギーのかたまりだというのは当たっている。ホカホカカイロのように温かいし、湯気がたっているみたいだ。ゆで卵みたいに肌はつるつる。大きな瞳でじっと見つめられると、こころの底まで見透かされたような気がして、こちらが恥ずかしくなってしまう。邪心というものがまったくない。

ということは、生きていることに夢中だけなのか。

それにしても、赤ちゃんはいつも天使ではない。小さい子どもも同じだ。ときには、手がつけられないほどに泣きわめき、突然、悪魔みたいになる。そうなったとき、アボリジニは?

子どもが癇癪《かんしゃく》を起こしたときには、「感情の嵐」が吹き荒れていると思うこと。そして、嵐がおさまるのをじっと待つ。

モノをぶつけたり、泣きわめいたり、暴言を吐いたりしたときは、本人にもワケが分かっていないのだ。感情の暴風雨の真ん中にいるのだから。親は、あわてず、騒がず、小さい子どもの癇癪《かんしゃく》や悪態《あくたい》をうまくかわしなさいというわけ。

かわし方のコツ

子どもが泣きやまないときには、まあ、「子どもはこんなものさ」と気楽にかまえること。子どもというのは本来わがままなので、受け流すしかないとあきらめる。(あきらめるとリラックスできる。リラックスすると、こころに隙間が生まれる。その隙間に、ポンと宇宙からグッドアイディアがふってくる。というのが母の自論)

子どもは生きるエネルギーそのもので、他人のことを思いやるまでには成熟していない。自分が生きていることに一所懸命なだけ。泣いたりモノを投げたり、癇癪《かんしゃく》を起こすのも、みんな生きている証拠。「ああ、よかった。ウチの子、生きてるんだ」と、気楽にかまえるのがコツだそうだ。この子は生命力を発散させているんだ、生きることに頑張っているんだって。

モノが飛んできたら、顔や頭を手でおおって、自分がケガをしないように注意することが必要。泣き声や叫び声がうるさかったら耳をふさぐ。絶対に応戦してはいけない。

「まあ、こんなところかな。子どもというのは、感情を出しきると急に静かになるのよ。心の中のわだかまりが溶けていくからね」と、母。

伝統的アボリジニ社会では、子どもがごく小さいときには、わがままは、あたりまえのこととして受けとめられていた。それは、思いっきり感情を吐き出させる大切な時期とされていた。感情を発散している赤ちゃんや小さい子どもに、どんな理由があろうとも、暴力をふるうことはもってのほか。人間として失格だとみなされていた。

「でも、これって、親としての忍耐力をためされているんだよね」と、母はうつむいて、つぶやいた。短気でせっかち、電光石火のような母にとっては、実は、一番苦手な分野だったのだ。

「子どもは子どもなりに、悲しみといらだちを表現しているだけなんだよ、きっと」と、私。

ああ、悲しいかな。

言葉を知らないから、感情の表現のしかたが限られてしまうんだよね。

子どもにとって、気持ちの説明ほど難しいものはない。なんと言っても、単語力が圧倒的にたりない。それを、おとながせかして、子どもに「なぜ？」と問いつめてくる。

話を組み立てられる論理的思考もなければ、文法力もない。しかも、理論武装ができる知識もないときている。だから、おとなに勝てるわけがないじゃないか。説明できないから、泣いてわめいて、「どうしていいのかわからないよぉ。助けてくれぇ」とぐずる。それなのに、そんなことはおかまいなしに、「うるさい」と叱られたら、子どもは可哀相すぎる。

「そうじゃない？」

おとなは、おとなになると、子どもだったときのことを忘れてしまうのだろうか。

受けとめてもらって幸せ

さて、わめき散らしていた子ども、怒りと悲しみを発散したら、疲れたのかぐったりとしてしまった。そのまま満足そうに、スースーと寝息をたてているかもしれない。怒りも悲しみも、生命エネルギーのひとつの形だと、アボリジニは思っていた。感情を出しきったことに満足して、身体が空っぽになる快感が生まれる。小さな子どもは、この時点では、まだ、自分が周囲に迷惑をかけていることを理解していない。おまけに、大好きなお母さんを傷つけていることにも、気がまわっていない。むしろ、安心感だけがこころに広がっている。

「気持ちは発散できたし、それを受け入れてくれる人がいて、ボクはなんて幸せ」と、気が抜けているかもしれない。

「ホッペに伝った涙の後を残し、泣きつかれて眠りこけている子どもの顔ほど、安らかな表情はないのよ」と、母のコメント。

その寝顔からは、さっきの嵐は夢のよう。目が覚めれば、泣きわめいたことなどはすっかり忘れている。

「子どもに、怒りや悲しみを思いきり吐き出させることは、こころの発達の栄養剤になることを、アボリジニは知っていたの。幼児はね、自分の気持ちを受け入れてもらいたいとか、自分の欲求を叶えてほしいという思いだけが強いの。モノを投げたら、人が傷つくことを自覚するまでには、もう少し年齢がいかなくてはならないのよ」

「受けとめてもらった幸せ感が広がると、どうなるの?」

「おとなになってからの社会生活で役立つの。自分は受け入れられたという幼児期の記憶があれば、あるがままの自分自身を、肯定的に認めることができるの。それが、他者を受け入れることにつながるのよ」

ありのままの自分をさらけだす体験をさせる

アボリジニは、「感情の持つ力」に熟知していたという。特に、「怒り」や「嫉妬」、「憎しみ」というネガティブなエネルギーの扱い方にはすぐれていた。怒りも嫉妬も憎しみも、いってみれば嵐そのものだ。身体全体から熱を帯びた突風が吹き、暴れまくって自分が自分でなくなる。そんな暴れん坊は、悪態《あくたい》となって口をついて人を傷つけ、モノにあたって発散される。

でも、その噴火口をふさがれたら、感情はどこに行くのだろう？

行き場所がなくなり、こころのどこかに、ひっそりとかくれてしまうのか。

ちょうど、いたずらをして叱られるのがいやで、真っ暗な押入れの片隅で、両膝を抱えて座っている「子ども」みたいに。そして、誰かが戸を開けたら、いきなり爆発するみたいに、暗闇から飛び出してくる。しまいこまれたネガティブな感情は、こころの闇となり、出口さえ見つかれば、思いもよらない所で、突然、吹き出してくるかもしれない。

だからこそ、せめて、幼少期には、のびやかで、ありのままの自分をさらけだす体験が必要なのだとか。

「怒っても叱られなかったら、自分は今、怒っているんだぞぉって、平気で言えるでしょう。それって、自分の中でうずまいている気持ちを、素直に感じることができるってことなの。たとえどんなに醜い感情でもね」と、母は説明した。

子どもの癇《かん》癪《しゃく》はビッグチャンス

さて、さて。

子どもに癇癪《かんしゃく》をぶつけられたお母さん。毎日、子どものやりたい放題を辛抱強く我慢していたら、たまったものじゃない。さすがのお母さんの忍耐にも限度がある。

ここで、子どもの癇癪《かんしゃく》を使う、アボリジニ式の思いやりを教える裏技を披露。

裏技一

たとえば、積み木で楽しく遊んでいた子ども。突然、積み木がガラガラと音をたててくずれてしまった。子どもは泣き出して、あげくのはては、積み木を投げ散らかして、怒りとやるせなさを表現している。積み木のひとつが、お母さんのおでこに当たってしまった。今まで黙っていたお母さんが、突然、大声で泣き出した。さあ、思いきり、女優になって。

「イタイヨ～イタイヨ～」と、なるべく大げさに叫ぶのがコツ。

子どもは、あ然としている。

「いったい、何が起こったんだろう？」

のたうちまわっているお母さんを見て、子どもは途方にくれる。

「ボク、どうしたらいいの？」

何か今までと様子が違うぞ？？？

「そう、これが、アボリジニのお母さんの手なの」と、母。

「お母さんは、子どもに、投げた積み木でケガをして痛がっている人がいることを、分からせようとしているのよ。大げさに演技をして、事の重大さを感じてほしいと訴えるの」

お母さんの異変に、子どもは泣くのをやめてしまった。

このとき、子どもは、自分の投げた積み木で、傷つく人のいることを、なんとなく感じるのだそうだ。

この場面で大切なのは、「親にモノを投げるなんて、とんでもない」と、子どもを叱らないこと。ただ、「当たって痛いよ」という気持ちだけを表現する。大げさな演技力で勝負をかける。子どもが癇癪《かんしゃく》を起こしたら、まさに思いやりの気持ちを育てるビッグチャンス到来だと受けとめるのだ。

子どもには「受けとめてもらって幸せ感」を味あわせながら、ついでに思いやり教育なんて、うまくできている。

裏技二（応用編）（思いやりのこころを呼びもどす、とっておきの方法）

思いやりのこころを育てる、もうひとつの方法がある。（子どもとの散歩時に使えるそうだ）

もし地面をはっているアリを見つけたら、足をとめて、しゃがみこんで、アリの動きを子どもと一緒に観察する。自分の身体より大きなエサを背負って、せわしそうに先を急ぐアリ。アボリジニのお母さんは、アリが可哀想だと言って、大いに同情心をしめして泣くのだ。

「こんなに大きな荷物を持って。重たいだろうに」と。

子どもは、アリに同情して悲しむお母さんの姿から、アリを思いやるこころを学ぶ。

そうした思いは、他者やすべての動植物にも広がっていくのだ。

アボリジニの思いやりの教育は、食べるときにも行われる。食事の時間は、人と分かち合うことを教える最もいい機会にもなる。おとなは、子どもが自分の食べ物を独り占めせずに、みんなと分かち合うように目配りする。「お母さんも、お腹がすいているんだけど……」なんて、さりげなく言って、子どもに食べ物を分けてくれるように、ほのめかしたりもする。

伝統的アボリジニ社会では、分け与えることは、あたりまえに行なわれてきた。弱き者や病気の者にも、食事は平等に与えられ、強き者が富や権力を独占する社会ではなかった。

自分だけの世界からの卒業

すべてのことには終わりがあるの。楽園のような子ども時代もおしま～いと、ある日、母はドアを閉めるようなジェスチャーをした。

「物心がつき、少しずつ自分以外の世界にも気づく年齢になると、いよいよ関係を学ぶ教育がはじまるの」

「関係って？」

「まあ、自分だけの世界からの卒業ってところかな。ちょっと、まわりを見回してみて。誰がいる？」

私は姉を見て、姉は私を見た。見飽きた顔だ。なんと言っても、オギャアと生まれたときから、ずっと隣にいる。（私は産院で生まれて、姉も立ち会ったから、正真正銘、空気を吸った瞬間から隣にいたことになる）昨日、お年玉をくれた叔母さんの顔も浮かんだ。それは太った方で、もうひとり痩せた叔母さんもいる。いつも身近な世話をしてくれるおばあちゃんもいる。

「そうよ、自分だけじゃなくて、家族もいれば、親戚の叔母さんだっているよね。子どもは、そうした周囲の状況を少しずつ理解していくんだけれど、そのときが、関係のお勉強のはじまりなの。世界には、自分ひとりがポツリと存在しているんじゃなくて、いつも他の人たちとつながり、助け合っていることを学んでいくの。自分が泣いたり叫んだりしたら、傷つく人がいるということもね」

ネガティブな感情は人前では出さない

アボリジニの子どもが、すべての感情を他人に思いきり発散できるのは、ごく幼いときだけだ。いったん、この時期を過ぎたのなら、集団の一員としての、きびしい教育がはじまる。

集団の和をみだしたり、他人を不愉快な気持ちにさせる感情を開けっ広げにすることは許されない。怒りや嫉妬、憎しみなどのネガティブな感情を、人前で表すなんて、とんでもないと叱られる。この教育がうまく機能するのは、子どもが自分に起こる感情をよく知っている、という前提が必要だという。

ここで、母は、繰り返した。

「今、自分は、何を感じているのか。怒っているのか、悲しいのか、淋しいのかを、しっかりとつかんでいることが基本よ。何が起こると、どんな気持ちになるのか。どう思うのか。身体がどんな反応をするのか。怒りという感情が巻き上がると、心臓がパクパクするとか、手がワナワナふるえるとか」

アボリジニの子どもは、こころの動きを敏感に感じる力を、身につけていたということなのか。これって、すごいことだと思う。まさに、幼少期に、正直な気持ちを素直に表現することが許された賜物だ。いろんな感情を味わいつくし、感情のエネルギーのすさまじさや怖さも知っている。だからこそ、おとなになったとき、自分の内にある気持ち、特に否定的な感情をすばやく察知することができるのだ。

「じゃあ、頭にきたとき、どうするの？　絶対に、怒っちゃいけないの？」

「ううん、怒ってもいいのよ。怒りは外に吐き出さなきゃね」と、母。

「人間なんだから、怒り狂ったり、憎しみがメラメラと燃えたりすることもあるでしょ。ただ、他人には絶対に向けてはいけないの。それだけ」

なんといっても、調和をモットーとするアボリジニ社会。ネガティブな感情は、集団の中に持ちこんではいけないことになっていた。そういう人は、品位がなく野蛮な人だとみなされていたのだ。

怒りがくるぞと感じたら、とりあえず、ひとりになる場所を探すこと。黙って、みんなの前から姿を消す。まわりをキョロキョロ。誰もいないなと思ったら、さあ、思いっきり怒る。地面をたたいてもよし。何かをぶつけてもよし。（ただし、人や動物に当たらないようにね）壊してもよし。（公共物や他人のものはご法度）のたうちまわったり、大声で叫んでも泣いても大丈夫。

伝統的アボリジニ社会では、感情の吐き出しに何日もかかることもあったそうだ。大切なのは、全部出しきるまで他人の前には現れないこと。これが文化のひとつであり、社会全体で認知されていたから、うまく機能していたのだ。最近、見かけないなと思ったら、たまった気持ちを出しに行ってるんだって、みたいな感じで受けとめられていたのかもしれない。

「ちょっと、面白そう」と、そのとき思った。
「怒りを吐き出す日とかを、決めたらいいかも」

泣きわめいて、こぶしで地面を殴りつけるようなことを何日も続けていたら、疲れてくる。手からは血もにじんでくるだろう。喉もかれる。最後には、感情を出しきった身体はぐたんとして、こころも頭も空っぽになる。思考は停止。残るのは疲労感だけ。と、まあ、こんなところかな。

感情を吐き出した後の空白感。それは、子どものとき、誰もが経験する感覚だ。自分の言い分が通らず、泣き疲れて眠ってしまった経験。目がさめると、急におなかがすいていることを思い出して、ちょうどいいタイミングで、お母さんが「ご飯だよ」と呼びにきてくれた、あの感覚。頬に涙の後を残し、「アレェ、怒って泣いてたんだっけ」と、寝ぼけ眼で、何が起こったのか自分でもよく分からなくなったという感覚。

アボリジニ社会では、そんな行為が、おとなにも許されていたなんて、サイコー。

ネガティブな感情も、ひとつの生命エネルギーなのだ。怒りや嫉妬を否定することも、無理にゆがめてかくすこともない。他人に向けてしまうことだけがいけないのだから。集団に不穏な空気をもたらし、他人に迷惑をかけることさえしなければ、ネガティブさんもウェルカムというところだ。

現代の犯罪では、他者を傷つけ殺傷することでしか、自分の中に巣食うネガティブな感情を発散できない犯人像が見られる。社会に対する不満や、思い通りにならなかった人生への苛立ち、自分自身への怒りなどがうずまき、次第に自己を追いつめていった姿が浮かび上がる。もっと早くに、ネガティブな気持ちを、人を傷つけない方法で処理できていたら、こうした犯罪は未然に防ぐことができるのではないだろうか。

歌って、踊って、発散

最後にもうひとつ、母が語ってくれた、アボリジニ版ネガティブな感情の解決法がこれだ。

集団の中で、なんとなく嫌な雰囲気が広がってしまった場合、すばやくそれを察知したリーダーである長老は、みんなで歌って踊ることを提案する。輪になって、先祖伝来の神話の世界の歌や踊りをしよう、と。

歌や踊りの内容は、世界をつくった先祖のスピリットにつながることであり、それぞれの存在の「はじまりの物語」なので、調和のこころを取り戻すにはぴったりだ。そうして、わだかまりが消え、怒りがすっとび、いつのまにかみんなの顔がほころんでいく。

「あれぇ、それって、日本のカラオケに似てない？」

事あるごとにカラオケに行く日本人。親睦会に忘年会にと、みんなでワイワイ歌う。歌うことでわだかまりが解けていく。

「そうか、アボリジニも日本人も同じことをしていたんだ」と、私たちは笑った。

もうひとつ、おまけに。

多くの部族に分かれて暮らしていたアボリジニは、時折、部族間で戦いをした。戦いも、もとはと言えば、お互いのネガティブな感情が積み重なったもの。もうこれは抑えられないと判断した長老は、敵をやっつけろと意気込む若者たちをつれて、いざ、出陣。

若者たちは、長老の命令どおりに一列に並ぶ。手にはヤリを持ち、はやる戦闘意欲から、今にも敵陣に投げて殺し合いのはじまりか、と思いきや、知恵者であるアボリジニの長老。問題解決は人を殺すことではない。憎しみという感情を処理すればいいだけだと了承している。敵陣の長老も、もちろん、それを知っている。

対峙する敵味方双方の若者たちは、実は、互いにヤリを投げても届かない距離に並ばされているのだ。

さあ、戦闘開始。

といっても、まずは口での、ののしりあい。怒鳴り声で相手方の悪口を叫び合い、地面を足で鳴らし威嚇し合う。もし、血気さかんな若者がヤリを投げたとしても、敵には届かない。こうして何時間も、ののしりあいが続く。日が暮れても、もしかしたら、次の朝になっても罵声《ばせい》は続く。

だんだん、みんな疲れてきた。
感情を出したら、脱力感と空腹感が残るだけだ。
出る言葉はひとつ。
はやく家に帰って、ごはんでも食べるか。

ここで両軍とも引き返すというわけだ。
死傷者0
負傷者0

アボリジニのこの話は、怒りに引きずられることなく、人がいかに物事を解決できるのかという知恵を物語っている。こうした知恵を生み出したアボリジニ文化の深さに、私は驚嘆させられた。

第四章

ルーツは宇宙エネルギー

生まれてきてくれてありがとう

「私は、どこから来たの？」母の目をじっと見つめて、たずねた。

「フフフ、どこから来たのか、教えてあげる。よく、聞いてね」

子どもが誰でも一度は親にたずねる質問、「自分はどこから来たのか」を、母はアボリジニ的に説明してくれた。

子どものこころをぐいっとえぐる極めつけのセリフが、「生まれてきてくれてありがとう」だった。同時に、面食らった言葉だったけれど。電気を消して真っ暗にした部屋で、ひとつの布団の中に姉と私を両腕に引き寄せ、三人で一組だよと言わんばかりに、母はこれをささやく。

嬉しいやら恥ずかしいやら、何ともくすぐったい気持ちになる。そして、しばらく、その言葉がかもしだすまどろみの中に浸っている幸せ。

……でも、すぐに、次の一撃が飛ぶ。

「どうして、このママを選んだの？」

母は、なんでも矢継ぎ早に言葉を発したり、行動する癖があるのだが、このときもまた、「生まれてきてくれてありがとう」の余韻《よいん》の中には、いさせてくれなかった。

「そんなこと、分かるワケない。自分がどこから来たのか、聞いているのは私なのに…」

私には、いい答えが浮かばなくて、いつも反応がとまった。でも話をつくるのがうまい姉は、とっさにこう答えていた。

「あのね、私、お空から見てたの。ママのこと。髪の毛が長いから可愛いなと思って、あのママがいいなと思ったの。すべり台みたいなものがあって、すべっていったのよ」

まったくもって、ウソかホントかは知らないが、姉のユニークな発想にはいつも脱帽だった。私も、ときには気のきいたセリフでもと思ったが、今一歩、口達者になれない。

こんな姉の反応のしかたは、母を十分満足させた。母は、霊魂の存在や仏教的輪廻転生を信じていたし、摩訶不思議とも思えるアボリジニ的世界観にどっぷりつかっていたからだ。

「そうなのね。よく覚えていたわね」と、姉は、しっかりとお褒《ほ》めにあずかっていた。私がまだ霧の中で、一生懸命答えを探している間に。

姉は二歳になる前に、すでにカッコいい母好みのセリフも吐いている。祖父のお墓参りの帰りに、母が「おじいちゃん、何て言っていた？」と聞いたところ、「あのね、また来てねって言ったよ」と、答えを返したそうだ。母は、小さい子どもには、おとながすでに忘れてしまった特殊な能力があって、生まれる前のことを覚えている場合もあるし、霊的なことにも敏感だと信じていた。

子どもが親を選ぶ

「どうして、このママを選んだの？」という質問は、幼い私には、まったく理解しがたいものに思われた。自分が覚えていないことを、何度聞かれても返答のしようがないのだ。でも、母は、その質問の答えを、子どもから真剣に聞きだそうとしていたことに、後で気づくことになる。

母は、子どもの魂が親を選んで生まれてくるという、アボリジニの考えに深く傾倒していた。そして、そう考えることで良い子育てができると思い、私たちを相手に実践していたのだ。

アボリジニの考えをまとめると、つまり、こういうことだ。

一、子どもは、単なる肉体だけの存在ではなく、霊的な存在でもある。

二、妊娠は肉体レベルだけの問題ではなく、赤ちゃんのスピリットが母親のおなかに入らなければ成立しない。

三、赤ちゃんは、生まれる前に、自分が生まれていくことを、なんとか親に知らせようとする。

四、子どものスピリットは、たいていは父親の夢見の中に現れる。また、狩りに出たときに、なんとなく子どものイメージが浮かんだり、「お父さん」と、小さなささやき声が聞こえることもあったそうだ。

もちろん、母親の夢見やその他の「お知らせ」もある。

これは、オーストラリアの中央沙漠に住むアボリジニの生活習慣を調査していた、ヨーロッパの人類学者たちの報告をもとにしているらしい。母はこの考えがすっかり気に入って、私たちにこんな風に伝えた。

「子どもって、自分が生まれていくことを、親に知らせたくてウズウズしているのよ。早く気づいてねと、霊界から一生懸命、合図を送っているかもしれないわね。親は、それを早く察知しなければいけないの」

いのちは不思議

「母親にとって、新しいいのちを生み出すことは、すごく神秘的な体験なの。だって、今までいなかった存在がいきなり現れるんだから。おなかに赤ちゃんが宿ったときも、最初に胎動を感じたときもそうだし、オギャアって生まれたときもそう。手の指にはちゃんと爪もはえているし、まつ毛だってある。いったい、いつの間に、こんな人間のミニチュア版が、おなかの中にいたのかしらってね。不思議、不思議の世界よ。ミルクをごくごく飲んだり、体をふるわせて全身全霊で泣いたりする姿を見ると、ああ、生きているんだなと、妙に感心したりして。このいのちは、どこから来たのかなって。

赤ちゃんが生まれることは、不思議ないのちの結びつきを感じる瞬間でもあるの」

アボリジニの話をとおして、母は、子どもが生まれることの神秘を、私たちに伝えたかったのかもしれない。生きることは神秘に満ちていて、人間の知恵をはるかに越えたものであること。だからこそ、宇宙や大自然の叡智に畏敬の念をはらい、そこから生きることがはじまるのを、私たちに分かってほしかったのだろうか。

私がおなかに入る前に、母は、仏壇から赤い小さなヘビが出てくる夢を見たそうだ。

「アボリジニのお知らせと同じね。その夢のあと、キミがおなかにいることが分かって、ご先祖様の生まれ変わりだと思って大切に育てたわ」という話。

私には否定も肯定もできない。ただ、記憶の中には、「覚えていない」とか「知らない」という事実でしか認識できていないのだから。

子どもが親を選んで生まれるというアボリジニの話を、母が特に好んだのは、母自身の体験にもよるものだった。母は祖母から、こんな話を聞いて育った。

母がまだこの世に影も形もないときだ。祖母は、ある「霊能者」に言われた。

「もうすぐ子どもが宿りますよ。それは女の子で、四五年前に亡くなったご先祖様が戻っていらっしゃいますよ」

その予言のとおりに出てきたのが母だった。しかも、その後、過去帳を調べたら、母の生まれた年のちょうど四五年前に、母の曾祖母の父親が亡くなっていたことも分かり、家族みんなもびっくりという話だ。

「アボリジニ的に言えば、霊能者を通じて、私の霊魂が事前に挨拶に行ったのかもね」と、母。

前世（?）を知っていたことで、母の心中にはいつも、出自にまつわる安心感のようなものがあったそうだ。直系の先祖だったということもあり、前世の自分（？）の写真は残っているし、遺品もあり、親族に伝わる「人となり」を聞くことによって、今ある自分と比較したり、曾祖母の父親が叶えられなかった「夢」の実現を「夢見」たりと、興味深く人生を歩むことができたという。

そして、なぜ自分は再び生まれてきたのだろうか、という疑問。その疑問がさらに発展して、「人はなぜ生まれるのか」、「生まれることの意味とは」などの問いかけを、常に胸に抱きながら成長していったらしい。

ギリシャの哲学者プラトンの著書『国家』の下巻に、「エルの神話」という話があり、そこにも、これに似た興味深い話がのっていると母は教えてくれた。生まれてくる前に、自分の人生の青写真を見せられるという。そして、その人生を納得の上で生まれる決意をするわけだが、面白いのは、それを見た後で「忘却の水」というものを飲んで忘れるということ。

「自分の選びとった大筋の人生や目的を覚えていないから、人生を興味深く生きていけるのよ。時には横道にそれたり、軌道修正したり、毎日、本来進むべき道をさぐりながら、宝探しをしているみたいね」と、母。その場合の宝とは、もちろん、「自分自身」であり「本来の自分」のことである。「魂の知的本質」なのかもしれない。

出自を知る大切さ

人にとって、出自をはっきり知ることは確かに必要なことだ。少なくても、自分の両親が誰であるのか、どこで生まれたのかなどの、出自に関する情報がなければ、自己のアイデンティティを確立することは難しいかもしれない。

私はまだ六歳だったけれど、母につれられて、「親を知らない」アボリジニの人たちの所に行ったことがある。オーストラリアでは、「白人化教育」のために、「白人」の父親とアボリジニの母親との間に生まれた「混血児」は、三世代にわたり、「国家の子ども」として、施設送りにされていた。警察がアボリジニの母親からもぎ取ってきたり、病院で出産しても、医師が直接、施設側に渡したりしていた。オーストラリアでは、「混血児」の施設送りは、国家の法律で決まっていたから、誰もそれに逆らえなかった。そのために、今もまだ、約十万人ものアボリジニが、自己のアイデンティティの喪失に苦しんでいるという。

オーストラリアでは、こうした人たちを「奪われた世代」と呼んでいるが、「リンクアップサービス」という団体をつくり、「母を探す子ども」と「子どもを探す母親」を結びつける活動をしている。

母は、この問題に関心があり、私たちをつれて、「リンクアップサービス」を訪れたり、「施設送り」にされていたアボリジニの人たちの話を聞きにいっていたのだ。私は小さかったので、何が起こっているのかまったく分からなかった。母が、次から次へといろんな人と話をしている間に、床で電車のオモチャをころがしているだけだったから。今だったら、なんて貴重な機会で有意義な経験だったと思うが、何もかもが、私の人生の中で早く起こりすぎたのかもしれない。

母は、出自を知らないことが、どんなに人からこころの平穏を奪うのかについて、アボリジニから学んだ。親や出身部族が分からないことは、自分の存在意義すら疑うことになる。自分が自分自身になりきれないという。「リンクアップサービス」で、晴れて母子の対面をはたした人は、「はじめて、本当の自分になれた日」と、母にその感激を語ったそうだ。

アボリジニとの、こんな体験が母に影響を与えたのかどうか、ともかく、母は子どもに出自の大切さを教えた。

「おとなになって、もしこころが迷子になって、自分のことがよく分からなくなったら、いつも思い出して。あなたの故郷はここにあるのよ。それから、キミたちがここに生まれてきたということは、何か意味があるの。決して偶然なんかじゃない。この親を選んだのも魂の理由があるのよ。誰にでも、この世で学ぶべきことや使命があるの」

そのとき、私は目を見開いて部屋中を見回した。だいたい母がこういう類《たぐい》の話をするのは仏間だった。仏壇は、阿弥陀像を真ん中に、揺籃《ようらん》が金色に光り輝いていた。見上げれば、先祖の写真がズラリと並んでいる。三代目から六代目（一代目と二代目は江戸時代なので写真がない）まで、こちらを見下ろしている。仏壇の隣には神棚。それから、先祖から伝わる観音様やらお地蔵様やら、いろんなものが並べてある。これが、私のルーツをひも解くカギとなるのだろうか。

「なぜ、ここに生まれたのか。なぜ、この親を選んだのか？」

そういった自問自答は、私の中ではてしなく続いた。今もまだ答えは出ていない。もっと人生経験を積み、生きることの不思議さを体験したときに、ふと、こころに落ちるものなのだろうか。

「人は、いつか必ずどこかで、アンデンティティのゆらぎを感じるものなの。アボリジニの人みたいに、自分の親を知らないほどのことはなくてもね。そんなとき、自分のルーツをしっかりと押さえて、生まれてきた意味を問いただせば、道を大きく踏み外すことはないから」と、母は語気に力をこめた。

個人的には親や先祖との血のつながり。日本人としての民族や文化的アイデンティティもある。世界規模で考えれば、地球市民としての役割。

そして、アボリジニ的には、私たちはみんな、宇宙を創造した広大無辺なエネルギーからつくられた。まさに宇宙エネルギーそのものなのだ。言ってみれば、ひとりひとりが宇宙の細胞みたいなものだ。それぞれの細胞には生きる意志があり、叶えたい夢（意識）があり、行動を起こして夢を形に変えていく。夢を実現するために、一番ふさわしい環境を選んで生まれてくるのだ。

スピリットチャイルド

生まれてくる前の赤ちゃんは、スピリットチャイルドと呼ばれていた。まだ赤ちゃんの形にはなっていない赤ちゃん、ともいうべきなのか。スピリットチャイルドは、大抵、父親の夢の中に出てきたり、なんらかのお知らせがあり、その子どもの霊魂の出自が分かるしくみになっているらしい。

言うなれば、ひとりひとりに「誕生物語」があり、それを読み解くことが、スピリットチャイルドを向かえる側の最初の仕事となる。

アボリジニの誕生物語は、自然界をも巻きこんでいた。ひとりひとりには、特にご縁の深い「仲間」が自然界にもいて、生まれてくる子どもの自然界でのアイデンティティも、また夢で告げられるのだという。

ある日、お父さんがゴアナの夢を見ました。ゴアナにそなわっている霊力の不思議な夢でした。次の日、お父さんは狩りに出かけ、夢見のとおりにゴアナをつかまえました。それを食べたお母さんは、気分が悪くなってしまったのです。まもなく、お母さんのおなかの中に赤ちゃんがいることが分かりました。

お父さんは、ゴアナの夢を見たこと、実際に狩りに行ってゴアナをつかまえたこと、お母さんの気分が悪くなったことについて、親族と話し合いました。

「あっ、生まれてくる子どもは、ゴアナのスピリットに関係があるかもしれない！これで、決まり！」

「赤ちゃんは、ゴアナなの？」

「ううん、もちろん人間よ。でも、その子どもは、ゴアナの兄弟（あるいは姉妹）かもしれないわね」

母は、涼しい顔で、そう言った。

「そんなのイヤだよ。勝手に、大トカゲの親戚にされたらいやだよ」

笑って答える母。

「アボリジニの人たちは、みんながみんな親戚だと思っていたのよ。人間のおじさんや、おばさんだけじゃない。庭にときどき遊びにくるネコだって、遠足で行く川だって、岩だってそうだったの。見た目は違っていても源は一緒よ。だって、この世に在るすべては、宇宙エネルギーから生まれたんだから」

ゴアナと関係があるとされた子どもは、ゴアナにまつわる神話を引き継ぐことになる。それから、ゴアナと近しい親族ということで、生涯ゴアナを食べることもできない。共食いになるからだ。

ゴアナと親戚だと聞いてギクッと思ったけれど、みんながみんな動物にも親戚がいて、誰にでも食べてはいけない動物がいたら、絶滅危惧種なんていないかも。ちょうどそのころ、「地球上の絶滅危惧種」という図鑑を読んでいて、こんなにもたくさんの動物が地球から姿を消しているなんて、びっくりしていたときなので、アボリジニの話はピンときた。そう考えると、アボリジニって、カッコいい。動物が絶滅しない工夫を生活の中に取り入れてきたんだ。

母の話では、太古の昔、アボリジニは動物を食べつくし、絶滅させた苦い経験があるらしい。それを二度と繰り返さないために、特定の動物と個人が親族関係を結ぶという哲学をあみだしたという。今、地球上で環境保護の掛け声のもと、絶滅危惧種の回復のためのさまざまな手段がとられているが、アボリジニ式はどうだろうか。

「赤ちゃんのスピリットと出会うには、こんな場合もあるのよ」と、聞かせてくれたのが次の話だ。

「あるお母さんが植物を採りに行ったとき、疲れたから、近くにある岩にもたれて休憩をしたの。そのときに、ピコピコとおなかの赤ちゃんが動いたの。はじめての胎動よ。胎動というのは、おなかの赤ちゃんが動くことなんだけど、お母さんにとっては、忘れられない感激の瞬間なの。『ああ、おなかの中に赤ちゃんがいるんだな』という実感が生まれるから。まさに、この瞬間に、赤ちゃんのスピリットが入るの」

「科学の発達していなかった昔は、最初の胎動で、はじめて、確実に妊娠していることが分かったんでしょうね。お母さんが妊娠していることに最初に気づいた場所は、その子どもの出自に重要な役割をはたすの。妊娠を聞いたお父さんは、急いで、お母さんが胎動を感じたという岩や、そのあたりの場所に関する神話を集めるの」

生まれてくる子どもは、誰なんだろう？

自然界の何と、特に深いかかわりを持っているのだろうか？
どんな役割を持って、この地上に生まれてくるのだろうか？

「その答えを解くのが、スピリットがやってきた、つまり、最初の胎動を感じた、岩やそのあたりの景観にまつわる神話なの。生まれてくる子どもは、その岩や、岩のある土地と、霊的に深く結ばれていると考えられるの。だから、子どもは岩の創造物語を覚えて、子孫に伝える役割もあるし、岩の気持ちに寄りそって、岩場を大切に守っていかなければならないのよ」

「岩の気持ち？」

「岩はただの岩じゃなくて、内側には、つくられたときの霊力や意識が眠っていることとは、もう話したよね。まあ、簡単に言えば、気持ちとか、エネルギー、スピリットとか、いのちを秘めているということかな。しかも、その岩のいのちは、キミたちと同じいのちなのよ。さあ、もう分かったでしょ、キミたちには仲間がいっぱいいるってことが。友達や家族だけじゃなくて、一歩、外に出れば、空も鳥も、地面をはっているアリもみんな、いのちの仲間なのよ」

はい、はい。仲間ね。これだったら、何となく分かる気がしてきた。でも、どうやらアボリジニが考えていた仲間とは、私たちが思うよりもずっと深い次元でのことなのだ。やっぱり、親族という言葉が一番しっくりくる。

そうか、この地球で生きる動物や植物の中にも親戚がいると考えたのが、アボリジニなんだ。岩の親戚がいたら、ちょっと楽しいかも。もちろん岩に落書きしたりいたずらなんかしないし、叱られたときには泣きに行くかもしれない。誰かが、その岩を壊すなんて言ったら真っ先に反対する。

私は岩、お姉ちゃんは小川、あの子には池とか、みんなに親戚があったら、自然破壊なんて起こらない。アボリジニは、こんなふうに自然環境を守ってきたのか。プラスはこれだけじゃない。小さいときから、「この岩は親戚だよ」とか、「キミの兄弟だよ」とか、「分身だよ」って言われて育てられたら、子どもはいったいどう思うんだろう。確かに、親戚はたくさんいたほうが楽しいし、仲間は多いにこしたことはない。
これって、案外、楽しいかも。

私は、いろんな楽しい想像をしてみた。

すべてのいのちはつながっている

アボリジニ的には、親は子どもに肉体を与えても、子どもは決して親のものではない。

子どもの人生は、親の欲や希望をはるかに超えた、もっと大きくてダイナミックな世界にあるのだ。私たちは、人間世界という枠組みの中だけで、物事を決定づけ処理しているけれど、生の営みとは、本来、人力では計り知れない、広大無辺な宇宙的なものなのか。

生まれるということからして、アボリジニは、時間と空間を越えた物語を用意している。ゴアナや岩と親戚だったり、自然界に守るべきものがあったり。そして、なんといっても極めつけは、子どものスピリットが親を選ぶという設定だ。「よし、あの親に決めた」と、相談するのか独断なのかは知らないが、母親のおなかに入ってくる。

しかも、生まれる前の子どものスピリットは、「今から行くよ」ということを、なんとか親に知らせようとする。私もそんな健気《けなげ》なことをしていたのか。親の役割は、早くそれに気づいて、子どもからのメッセージを読みとって、出自を見つけ出さなければならない。アボリジニにとって、子どもの霊的出自を探し出すことは、とても重要だったのだ。

アボリジニ社会のように、全員が自分で望んで生まれてきたと考えれば、今、この世界を悩ませている、多くの問題は解決されるのかもしれない。

まず、子どもは自分の人生に責任を持つことができる。そして、守るべき土地や場所、動植物があることで、自分以外に対する責任感も生まれる。美しい自然を保つための役割の重さも感じる。家族や友人とは別に、自然界には自分の分身もいる。自分の身体をきれいにしたり、体力をつけるために栄養のあるものを食べるように、その分身の面倒も一生かかってみていく。

今、エコ教育だと世の中は騒いでいるが、「そんなこと、とっくの昔にやってらぁ。オレたちみたいにすればいいさ」と、アボリジニのご先祖様が現れたら言うかもしれない。

そして、なんといっても、人生の最初の出発点を自分で選んだという自負心が生まれる。そうしたら、「生かしていただいて、ありがとう」の気持ちで、日々の生活を送ることができるだろう。こうなったら、もうしめたもの。

生きていくことを丸ごと楽しんで、出会いや経験に積極的に取り組むことができる。うまくいかないことや自分の欠点を、親や学校の先生のせいにするのではなく、責任は自分自身にあるという、人生に対する基本的姿勢をつらぬくこともできる。

アボリジニのすごいのは、魂の次元にまでさかのぼって、自分の存在というものをしっかりと持っていたことだ。それから、個人のアイデンティティが、宇宙の起源や大自然の営みとも結びつく、強固でゆるぎないものだったこと。

「あなたは誰？」と聞かれたら、普通は、名前と住所、職業で答える。出身校や親の職業、年収も入る場合もある。外国に行けば、日本人というのが加わる。そこに「岩です」とか、「ゴアナです」なんて面白い。自然界とどうつながっているのか、なんていう発想は現代にはないから新鮮かも。そして、極めつけは、「私は宇宙エネルギーです」なんてね。

母の教え

母は、繰り返し伝えた。

「たった一人で、誰にも望まれずに生まれてきたという孤独感は、アボリジニにはなかった」と。

まさに、晩年のマザー・テレサが、インドからニューヨークに移り住んだのは、孤独感こそ、人間の本当の病だと知ったからだ。現代人を蝕《むしば》む孤独感も、アボリジニ的に生きれば解消されるかもしれない。

まず、すべてのいのちはエネルギー的につながっていること。

そのつながりは人間関係のみではなく、自然界に生息する動植物や鉱物、景観にも広がっている。

私たちの使命のひとつは、先祖代々伝えられた美しい世界を守り、それを子孫に伝えることである。

誰にでも、自然界に、特別に結びついている動植物や景観や鉱物があって、それを通じて母なる大地とつながる。

足元を支えてくれる、強くたくましい大地。

大地が続いている限り、どこまでも歩いていける。

木も、草も、花も、野菜も、みんな大地からの賜物。
私たちが生きていけるすべてを育んでくれる大地。

そして、私たちの本質は、森羅万象を創造したエネルギーなのだ。

自分はひとりぼっちだと、どんなに嘆いても、真の意味での孤独なんて存在しない。いつでも、どこでも、広大無辺な宇宙エネルギーとつながっているのだ。こころが傷つき、生きているのが辛くなったとき、他人を信じられなくなったり、愛する人を失い絶望の底に突き落とされたときでさえ、人はつながっているのだ。

私のルーツは、「大いなる存在」。
はじまりも終わりもない宇宙エネルギーなのだから。
そのことを思い出せばいいだけなのだ。

そうか。

悩んだときは、この原点に返ればいいのだ。

母から伝えられたアボリジニの知恵を振り返ることで、私は、母の強さの秘密にも触れた気がした。

孤独に強く、確固たる信念を持って生きていく母。右手にアボリジニ学、左手に子どもたちをかかえて生きてきた。アボリジニの思想をこころの糧に、宇宙的視野を持って、自分は創造のエネルギーであり、魂の中に眠っている夢見を実現するのだと決めて生まれてきたと信じて。

母をつらぬくのは、何が起ころうと自分の人生を生き抜く姿勢だ。自らが望んで、今ある人生を選んだと信じているからだ。

いつまでも、このことを、こころに留めておこうと、私は誓った。

著者あとがき
この本を読んでくださった皆様へ

「母が語るアボリジニの知恵～ホリスティックな学び～」は、ひとつの熱い思いから生まれました。

それは、アボリジニに伝わる古代の叡智を、大学の講義という閉ざされた空間や、論文という限られた媒体ではなく、広く一般の人々に伝えたいという思いでした。

本書が、混迷する現代社会において、この地球上で生きる意味を、原点に戻って考えてくださるきっかけになればと願っています。

アボリジニの哲学は、知れば知るほど奥が深く、とても一夜にして理解できるものではありませんでした。最初は、アボリジニ学部の授業として学んだ内容も、私自身が年齢を重ね、人生経験を積むことで、少しずつ、その真髄に近づいていったという感じです。二一世紀の日本で、子育てや教育現場、そして日常生活の中で、その素晴らしい知恵がどのように生かされたらいいのかを、模索してきました。

本書で紹介している伝統的アボリジニ文化は、何万年もの間、オーストラリアに伝えられているものです。アボリジニの深遠なる知恵は、きっと、皆様のこころに響いたことと思います。

ここで、アボリジニのことを少しお話しいたします。

一七七〇年にイギリス人探検家のクックが来るまで、アボリジニは、自然と共生する、独自の哲学と独特の世界観の中で暮らしていました。二五〇から三〇〇の言語部族に分かれ、普段は、親族を中心とする三〇人から五〇人ほどの集団で、決められた土地を移動して、狩りや植物採集をしていました。部族は、年に一回ほど、儀式や交易のために集まることもありました。

著者あとがき

一七八八年、イギリスの植民地にされたオーストラリアは、「略奪の大地」となり、アボリジニは殺され、その文化は一時期、壊滅状態になりました。そうした悲劇の歴史を乗り越えて、多文化主義国家として生まれ変わった現在のオーストラリアでは、アボリジニ文化は貴重な遺産として、人々の関心が寄せられています。

アボリジニ文化を一口で言えば、「ホリスティックに（全体として）生きる」ということではないでしょうか。私は、ここに、一番こころが魅かれます。

森羅万象は同じいのちから生まれ、同じいのちを内に宿しています。この世のありとあらゆる存在は、完璧に調和のとれた形で、それぞれの意識とエネルギーを持ち、互いにつながって生きています。

一枚の葉っぱを手にするとき、美しい花を愛でるとき、抜けるような青い空にこころを奪われるとき、私たちは、すべてのいのちとつながっていることを感じます。皆がそこに気づいて行動すれば、世界は、どんなに平和で素晴らしいものになるでしょうか。

そうすることで、私たちは、本来そなわっている生命力を取り戻し、愛と調和を持って生きていけると思います。

本書は、中高生から、子育て中のお母さん、保育や教育にたずさわっていらっしゃる方、お孫さんのいらっしゃる方など、誰にでも幅広く読んでいただけるように、母子の対話というスタイルをとり、やさしい文体にこころがけました。

お読みくださって有難うございました。深く感謝いたします。

この本をきっかけに、アボリジニやオーストラリアの歴史にご興味を持ってくださったら嬉しく思います。よろしければ、以下の図書をご参照ください。

二〇一六年三月一二日　　青山晴美

「もっと知りたいアボリジニ～アボリジニ学への招待」明石書店　二〇〇一年
アボリジニの視点に立ったオーストラリアの歴史が書いてあります。アボリジニ学の真髄もご理解いただけると思います。

「女で読み解くオーストラリア」明石書店　二〇〇四年
オーストラリアの建国物語が女性の視点から書いてあります。男性中心の歴史観から抜け出すことで、新しいオーストラリア像が浮かび上がります。また、「からゆきさん」をとおして、日本とオーストラリアの初期の歴史を知ることもできます。

「アボリジニで読むオーストラリア～もうひとつの歴史と文化」明石書店　二〇〇八年
「もっと知りたいアボリジニ」のリメイク版です。第一章「アボリジニ文化」を加筆して、全体に読みやすくまとめました。

青山 晴美

米国オレゴン大学言語学部卒業
南オーストラリア大学大学院アボリジニ学部修士課程修了

アボリジニ研究者、愛知学泉短大教授

在米中にネイティブアメリカンに出会い感銘を受ける。先住民にかかわることを生涯の仕事にすることを決意。先住民を訪ねて、合衆国横断、カナダ横断、メキシコ縦断、中国・チベット横断、ヒマラヤ越え、ネパール各地を旅した後、オーストラリアにてアボリジニに出会う。

主な著書
「アボリジニで読むオーストラリア～もうひとつの歴史と文化」明石書店　2008
「女で読み解くオーストラリア」明石書店　2004
「もっと知りたいアボリジニ～アボリジニ学への招待」明石書店　2001
「女は冒険～中国・チベット・ヒマラヤを越えて」エフエー出版　1987

趣味　世界を旅すること

青山晴美オフィシャルサイト　https://myvisionquest.amebaownd.com/

母が語るアボリジニの知恵
～ホリスティックな学び～

二〇一六年四月七日初版第一刷発行

著　者　青山晴美
発行者　谷村勇輔
発行所　ブイツーソリューション
名古屋市昭和区長戸町四-四〇
〒四六六-〇八四八
電話　〇五二-七九九-七三九一
ＦＡＸ　〇五二-七九九-七九八四
発売元　星雲社
東京都文京区大塚三-二一-一〇
〒一一二-〇〇一二
電話　〇三-三九四七-一〇二一
ＦＡＸ　〇三-三九四七-一六一七
印刷所　シナノ出版印刷

ISBN978-4-434-21745-6